Kurze Touren leicht gemacht: In zwei Bänden zeigen Ulrike Poller und Wolfgang Todt, wo zwischen Rhein, Nahe, Mosel und Saar Wandern wunderschön - aber weniger zeitaufwändig und herausfordernd ist. Für perfekte kleine Auszeiten in den grünen Oasen des Hunsrücks haben sie 2 x 12 Premium-Spazierwanderwege mit Streckenlängen zwischen 2 und 6 Kilometern ausgewählt – von der Grat-Wanderung entlang malerischer Flusstäler bis zur Schnupper-Tour in duftende Nadelwälder. Viele der erlebnisreichen Touren sind für alle Jahreszeiten geeignet.

Besonders spannende Runden für Ausflüge mit Kindern sind entsprechend mit einem Logo im Kapitel gekennzeichnet. Aktuelle GPS-Daten für Smartphones und Wandernavis lassen sich einfach laden, QR-Codes machen die Navigation zu den teils versteckten Ausgangspunkten mit dem Auto (oder zu Fuß von der nächsten Haltestelle) zum Kinderspiel.

ideemedia

INHALT

Traumschleifchen

Besondere Empfehlung für Ausflüge mit Kindern

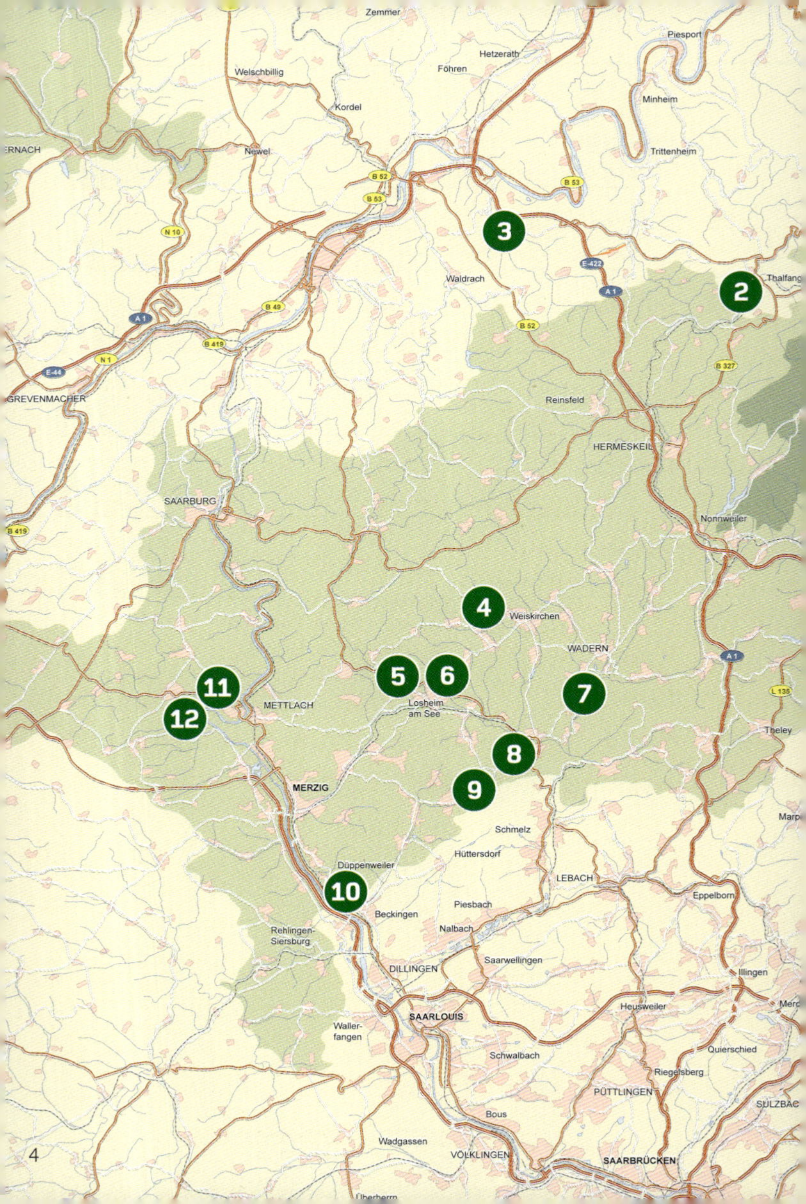

Zemmer
Piesport
Hetzerath
Föhren
Welschbillig
Minheim
Kordel
ERNACH
Newel
Trittenheim
B 52
B 53
B 53
N 10
3
E-422
Waldrach
A 1
2
Thalfang
B 49
A 1
B 52
B 419
N 1
B 327
E-44
GREVENMACHER
Reinsfeld
HERMESKEIL
SAARBURG
Nonnweiler
B 419
4
Weiskirchen
WADERN
A 1
5
6
7
L 135
11
Losheim am See
METTLACH
12
Theley
8
MERZIG
9
Marp
Schmelz
Hüttersdorf
Düppenweiler
LEBACH
10
Eppelborn
Piesbach
Beckingen
Nalbach
Rehlingen-Siersburg
Saarwellingen
DILLINGEN
Illingen
Heusweiler
Merc
SAARLOUIS
Waller-fangen
Schwalbach
Quierschied
Riegelsberg
PÜTTLINGEN
SULZBAC
Bous
Wadgassen
VÖLKLINGEN
SAARBRÜCKEN
Überherrn

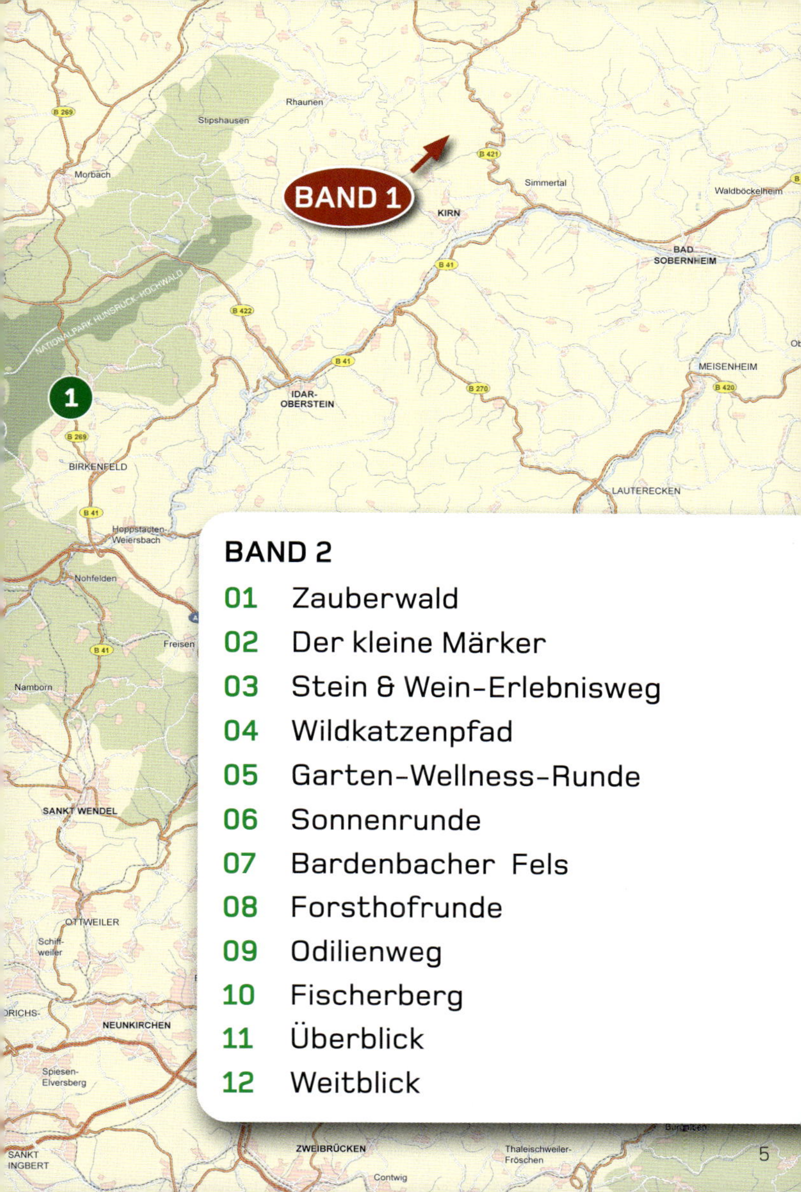

BAND 2

01 Zauberwald
02 Der kleine Märker
03 Stein & Wein-Erlebnisweg
04 Wildkatzenpfad
05 Garten-Wellness-Runde
06 Sonnenrunde
07 Bardenbacher Fels
08 Forsthofrunde
09 Odilienweg
10 Fischerberg
11 Überblick
12 Weitblick

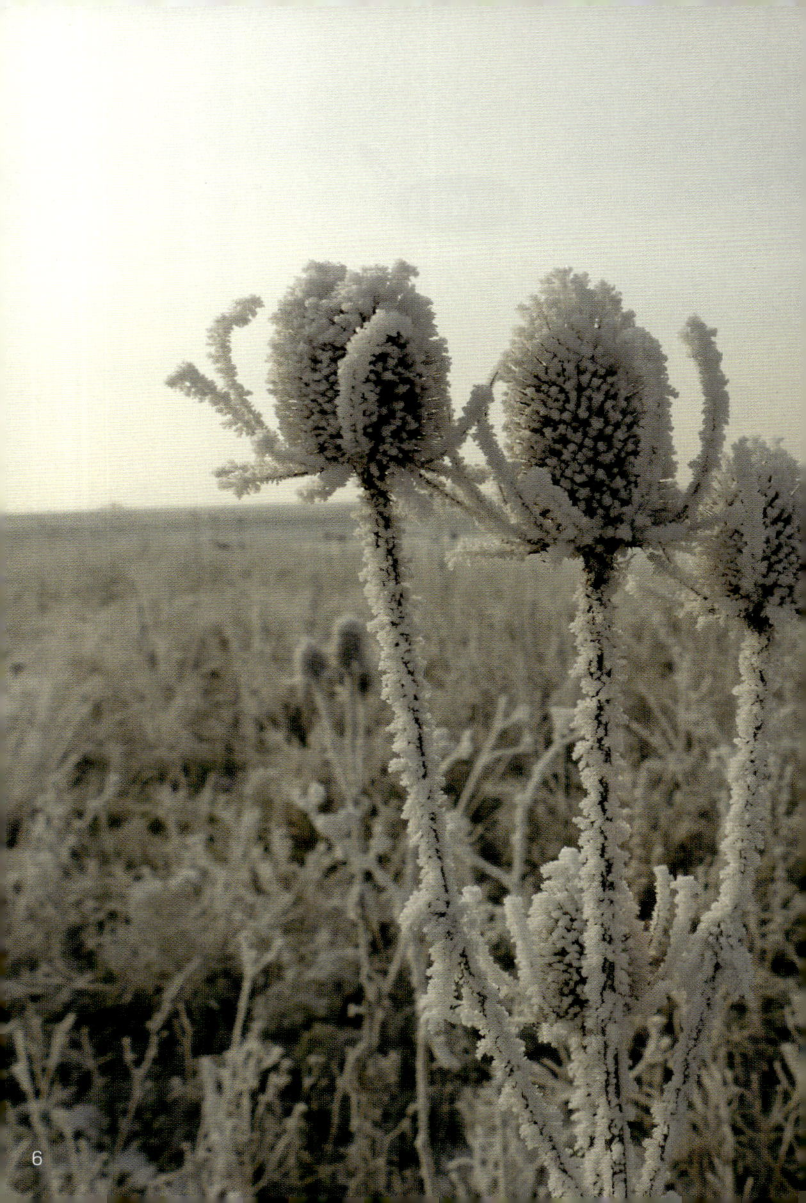

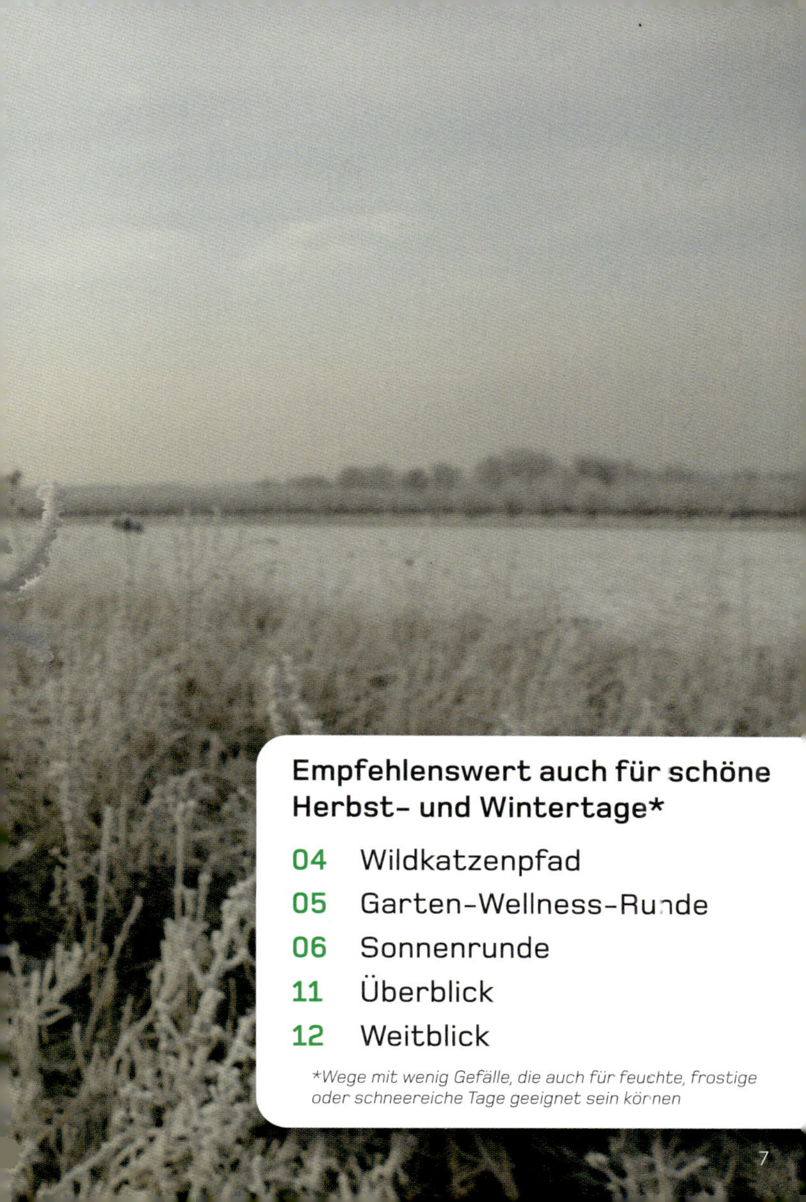

Empfehlenswert auch für schöne Herbst- und Wintertage*

04	Wildkatzenpfad
05	Garten-Wellness-Runde
06	Sonnenrunde
11	Überblick
12	Weitblick

**Wege mit wenig Gefälle, die auch für feuchte, frostige oder schneereiche Tage geeignet sein können*

ZEICHEN IM BUCH

Wanderweg

Zuwege

Sehr leicht

Leicht

Mittel

Schwer

Sehr schwer

Erläuterung zur Schwierigkeit unter:
www.schoeneres-wandern.de/html/bucher.html

Download GPX

Gehzeit inkl. Zu-/Abweg

Steigung/Gefälle

Höchster Punkt

Kalorienverbrauch

Anfahrt

Parkplatz

Telefonnummer

Internet-Adresse

Öffnungszeiten/Termine*

Hundetipp

Start/Ziel

(1) Streckenpunkt

Tourist-Info

Einkehren

Übernachten

Tipp/Hinweis

Bus

Bahn

Fähre/Schiff

Taxi

Wohnmobil-Stellplatz

Burg/Schloss

Besondere Empfehlung für Ausflüge mit Kindern

Startpunkte einfach finden: QR-Code mit dem Smartphone scannen und zum Ausgangspunkt navigieren.

** Öffnungszeiten sind saisonabhängig. Bitte telefonisch erfragen.*

- **Wegformat:**

Fester Belag | Harter Belag | Natur-Belag

- **Höhenangaben:** Bezogen auf NN
- **Entfernungsangaben:** Beschriebene Hauptstrecke inkl. empfohlener Abstecher (ca.) ohne Zu- und Abwege
- **GPS-Daten:** Kürzeste Strecke
- **Zeitangaben:** Mittleres Wandertempo, im Kapitel inkl. Zu- und Abwege (reine Gehzeit, ohne Pausen)
- **Koordinatenangaben der POIs:** Wir geben UTM-Koordinaten der Zone 32 U WGS 84 an. Dieses System nutzen u.a. alle offiziellen Karten der Landesvermessungsämter. Für die Pkw-Navigationsgeräte geben wir für die Park-/Startplätze die geografischen Koordinaten in Breite/Länge (hddd°mm'ss.s) an. Diese können von den meisten gängigen AutoNavis verwendet werden. In den Outdoor GPS-Geräten sowie auf PCs und mobilen Geräten können die Koordinatensysteme entsprechend eingestellt werden.
- **Kalorienberechnung:** Für jede Etappe wird der Kalorienverbrauch angegeben. Dieser wird unter Berücksichtigung von Entfernung, Aufstieg, Zeit, Geschlecht, Alter, Gewicht und Körpergröße für zwei Beispielpersonen berechnet (Mann: 50 Jahre, 175 cm, 70 kg; Frau: 50 Jahre, 165 cm, 60 kg). Ihre persönliche Berechnung können Sie unter www.schoeneres-wandern.de durchführen. Die Kalorienberechnung ist für Mittelgebirgstouren optimiert.

- **Allgemeine Infos:**

  ⓘ www.schoeneres-wandern.de

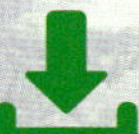

Download der .gpx-Daten unter www.wander-touren.com

Erklärung ab Seite 130

1 Zauberwald

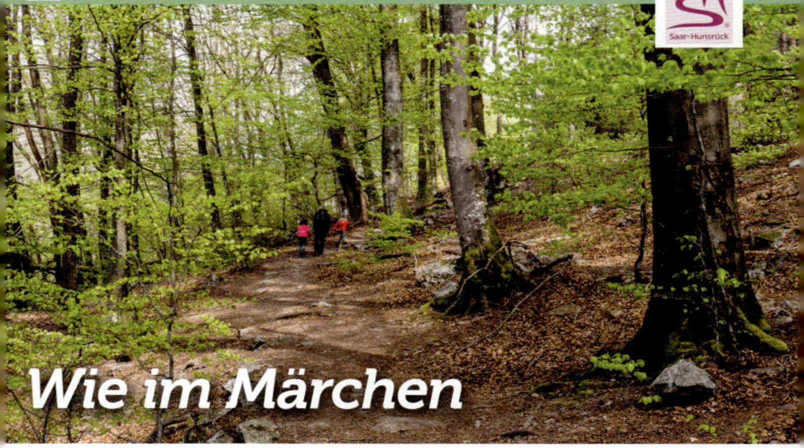

Wie im Märchen

4.7	2h	157	598	381 448	SWP2X112
km		↑ ↓			

Start/Ziel: Parkplatz Zauberwald (L 174) westl. Oberhambach

Anfahrt: Von Morbach B 269, Abzweig L 174 nach Oberhambach, Parkplatz am Sauerbrunnen weiter Richtung Oberhambach, linke Seite (gegenüber Gasthaus Tarifa Fun) Alternativ: B 41 (Nahetal), in Burbach Abzweig auf L 174 bis Oberhambach (von Osten)

scan to go®

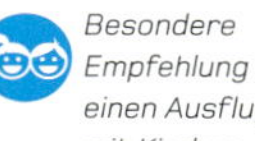

Besondere Empfehlung für einen Ausflug mit Kindern

Parken: Parkplatz Zauberwald
N49° 41' 13.4'' • E7° 08' 38.1''
Parkplatz Sauerbrunnen (B 269)
N49° 41' 15.4'' • E7° 08' 29.7''

Wegpunkte:

P1 Parkplatz Zauberwald
32 U 366122 5505491

P2 Tripelpunkt
32 U 366324 5505912

P3 Rastplatz Hambacher Fels
32 U 366271 5505925

P4 Waldrastplatz
32 U 366328 5506307

P5 Aussichtsturm
32 U 366769 5506451

P6 Rastplatz am Friedhof
32 U 366730 5506074

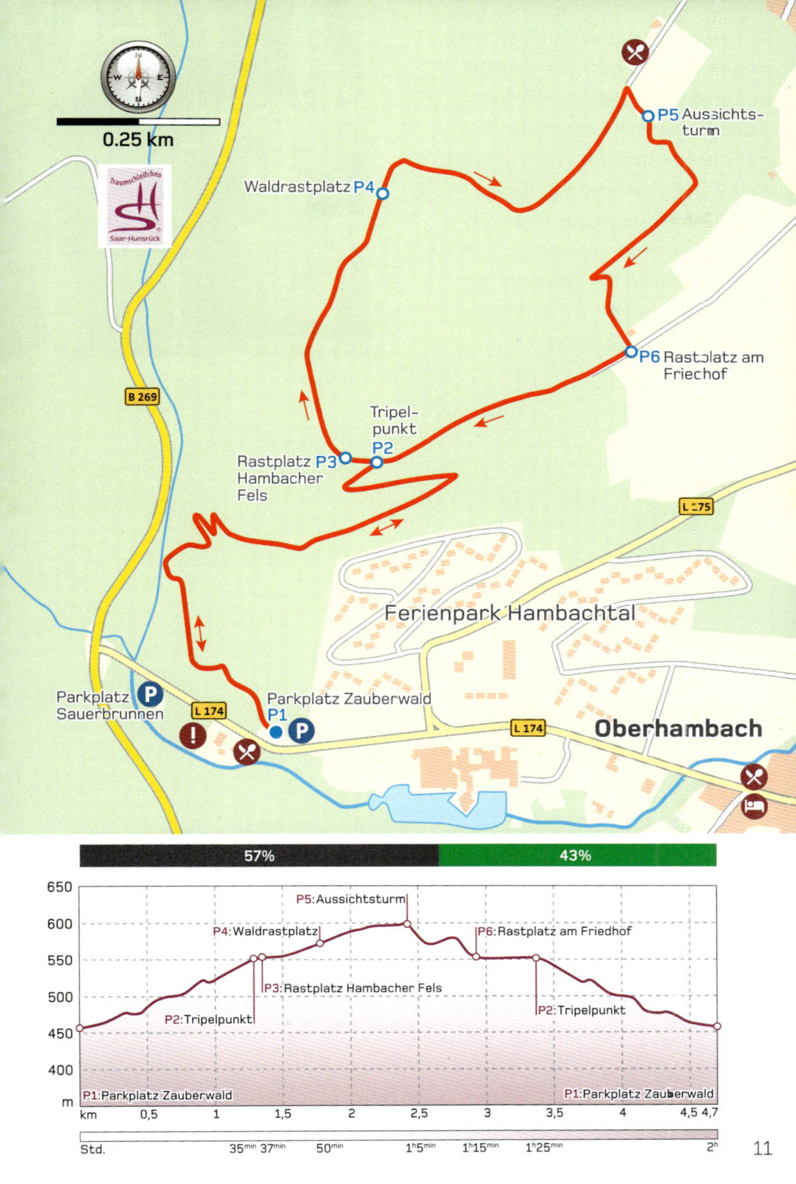

0.25 km
Traumschleifchen
Saar-Hunsrück
Waldrastplatz P4
P5 Aussichts-
turm
P6 Rastplatz am
Friedhof
Tripel-
punkt
P2
Rastplatz P3
Hambacher
Fels
B 269
L 175
Ferienpark Hambachtal
Parkplatz
Sauerbrunnen
L 174
Parkplatz Zauberwald
P1
Oberhambach
57%
43%
650
600
550
500
450
400
m
P5: Aussichtsturm
P4: Waldrastplatz
P6: Rastplatz am Friedhof
P3: Rastplatz Hambacher Fels
P2: Tripelpunkt
P2: Tripelpunkt
P1: Parkplatz Zauberwald
P1: Parkplatz Zauberwald
km 0,5 1 1,5 2 2,5 3 3,5 4 4,5 4,7
Std. 35min 37min 50min 1h5min 1h15min 1h25min 2h

Kurzweilig und unterhaltsam präsentiert sich die Runde auf dem Traumschleifchen Zauberwald. Kinder werden, geführt von Willi Wurzel, viel Spaß auf der kurzweiligen Runde haben. Auch Erwachsene kommen zwischen Felsenmeer und Heidewald bei märchenhaften Aussichten schnell ins Träumen.

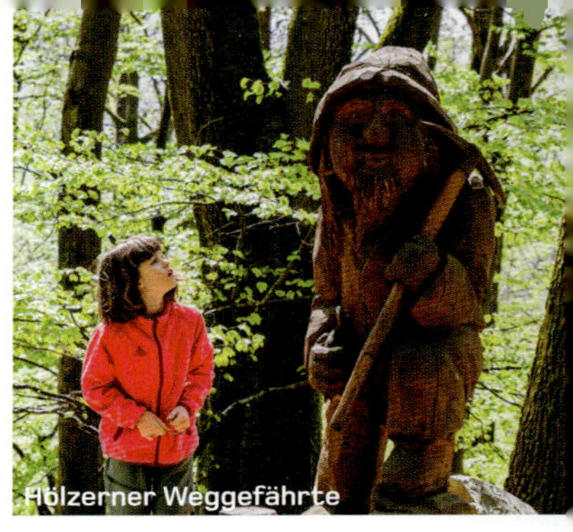
Hölzerner Weggefährte

Am großen Parkplatz Zauberwald (1) starten wir zur spannenden Rundtour auf dem Traumschleifchen Zauberwald, auf der uns das Maskottchen des Zauberwalds, Willi Wurzel an über 20 Erlebnisstationen zusätzliche Kurzweil bescheren wird. Kaum haben wir das große Holzportal des Zauberwalds durchschritten, lädt uns auch schon ein Waldxylofon am Wegesrand zum Musizieren ein.

Zweifach geführt vom lilafarbenen Traumschleifchen Logo und dem Logo von Willi Wurzel, biegen wir links ab und erreichen nach nur **200 m** einen Querweg: Hier kommen von links die Wanderer dazu, die am Parkplatz Sauerbrunnen begonnen haben oder auf der großen Traumschleife „Rund um den Zauberwald" unterwegs sind. Außerdem können wir an dieser Kreuzung bei der ersten Erlebnisstation testen, wie gut wir fühlen können: Es gilt, Fellproben den richtigen tierischen Waldbewohnern zuzuordnen.

Wir beigen rechts ab und folgen dem leicht ansteigenden Weg in den hochgewachsenen Laubmischwald. Auf Höhe zweier Trimm-dich-Stationen wenden wir uns scharf nach links und gelangen wenige Meter später zum leise plätschernden Bach. Erneut fordert eine Erlebnisstation unseren Tastsinn heraus: Diesmal gilt es, anhand der

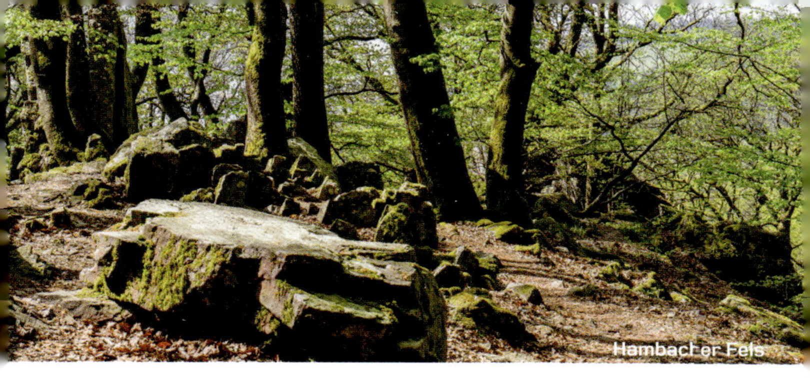
Hambacher Fels

Baumfrüchte die zugehörige Baumart zu erkennen. Wir folgen dem Pfad leicht bergan und biegen links auf einen weichen Waldweg ab, der uns zum nahen Quellenteich von Nina Nixe führt. Nun ist der sanfte Auftakt unserer Wanderung zu Ende, denn ab jetzt kennt der Weg für die kommenden Kilometer nur noch eine Richtung: bergan.

Doch keine Angst, die Steigung ist moderat, und so meistern wir auch den ersten Anstieg auf gewundenem Pfad problemlos. Nach **0.6 km** treffen wir an einem breiten Forstweg ein und biegen rechts ab. Vorbei an einer kunstvollen Holzfigur gewinnen wir langsam an Höhe und freuen uns über den herrlichen Hochwald. Doch dann erregt etwas anderes unsere Aufmerksamkeit. Links des Weges erhebt sich eine ausgedehnte Rosselhalde. Die schroffen Klippen bilden einen tollen Kontrast zum sattgrünen Laubwald, und so manch abgestorbener Baumveteran bietet Vögeln und Kleintieren sicheren Unterschlupf. Uns erinnert die Szene sehr an die urigen Bereiche des nahen Nationalparks Hunsrück-Hochwald.

Nach dem eindrucksvollen Felsenmeer gabelt sich der Weg, und wir folgen den markanten Logos links auf breitem Weg moderat bergan. Dabei passieren wir einige Tafeln mit Wissenwertem zum Wald. In einer scharfen Linkskurve steht dann auch endlich nach **1 km** die erste Bank zum Verschnaufen bereit.

Mit frischen Kräften folgen wir dem Waldweg weiter bergan und kommen dabei an weiteren Holzfiguren und Erlebnisstationen vorbei. Schließlich treffen wir am Tripelpunkt (2) der Runde ein und biegen links ab, da wir im Uhrzeigersinn wandern wollen. Später werden wir von rechts an diese Stelle zurückkehren.

Doch zunächst zieht uns der Hambacher Fels (3) magisch an.Tatsächlich sind es nur noch wenige Meter, bis wir nach **1.4 km** den überdachten Rastplatz und den markanten Felsriegel erreichen. Neben den optischen Eindrücken ermöglicht uns ein großes Hörrohr, auch ganz genau in den Wald hineinzulauschen – ein spannendes und eindrucksvolles Erlebnis.

Während sich die Traumschleife vorerst von uns verabschiedet, wandern wir zur nahen Kreuzung und halten uns dort halb links. Auf bequemem Forstweg gewinnen wir nur noch unmerklich an Höhe. Der Wald wird zunehmend von Nadelbäumen dominiert, die besonders bei warmem Wetter würzig duften. Weitere lustige Holzfiguren und eine Sprunggrube sorgen dafür, dass keine Langweile aufkommt.

Bei **Kilometer 1.8** geben uns freigelegte Wurzelstöcke gefällter Bäume tolle Einblicke in den Waldkosmos, während auf der anderen Wegseite ein einladender Rastplatz (4) zur Pause im Grünen bereitsteht. Daneben laden diverse

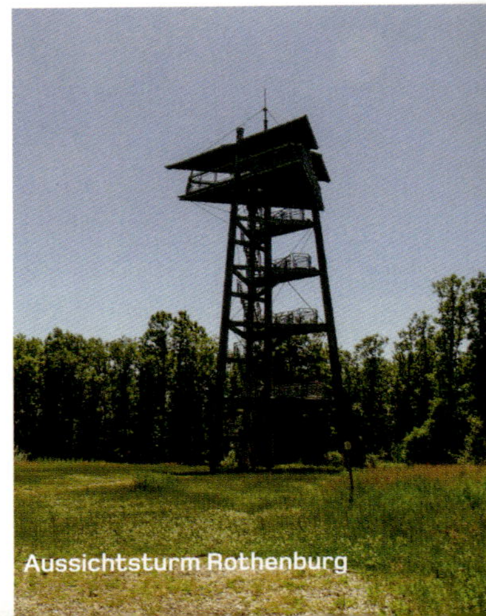
Aussichtsturm Rothenburg

Klettergeräte der Station „Gnomen Fitness" zum Test des Balancegefühls ein.

Zurück auf dem Weg, dürfen wir nicht zu sehr ins Waldträumen kommen, denn nur 100 m später schicken uns die Logos rechts auf einen urigen Pfad. Bald begleitet uns auch der Barfußpfad durch den Nadelwald, und wer möchte, kann die Wanderschuhe in die Hand nehmen und unmittelbaren Kontakt zum weichen Waldboden aufnehmen. Der Pfad windet sich zwischen den hochgewachsenen Stämmen durch und quert an der Tierfährtenstempelstation einen breiten Weg. Wir dürfen aber weiter dem parallel verlaufenden Pfad nach links folgen.

! Wer mit dem Kinderwagen unterwegs ist, kann die extra ausgeschilderte „Kinderwagen-Umgehung" der Pfadstrecke nutzen.

Eine uralte, mächtige Buche markiert den nächsten Szenenwechsel in der Waldvegetation: Der Nadelwald bleibt zurück, und nun wandern wir mitten durch gedrungen gewachsenen Eichen-Heidewald. Blaubeeren sorgen für Bodengrün und im Spätsommer für leckere Wegzehrung. Unvermittelt endet dieser wahre „Traumpfad", als wir auf einen

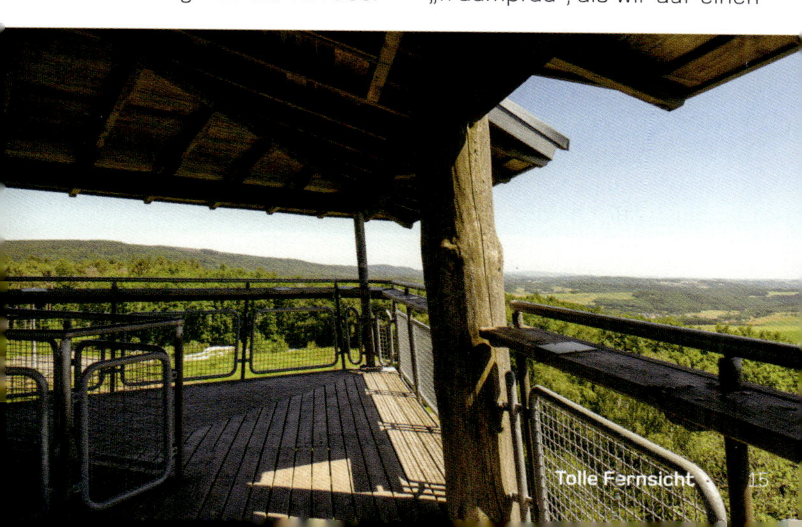

Tolle Fernsicht

breiten Forstweg treffen und den Waldrand erreichen.

Nach **2.4 km** haben wir die große Lichtung am Aussichtsturm Rothenburg **(5)** erreicht, und natürlich halten uns auch die über 100 Stufen nicht davon ab, die luftige Höhe zu erklimmen. Zumindest bei klarem Wetter lohnt sich der anstrengende Aufstieg, denn von oben präsentiert sich dann ein toller Rundumblick auf die Baumwipfel und Hunsrückhöhen als Breitwand-Kino. Unten lockt am Rand der Wiese die Rothenburghütte zur Einkehr.

Zur Fortsetzung unserer Wanderung folgen wir den Logos am Turm vorbei in den Wald. Nun begleitet uns auch wieder die Traumschleife. Ein gewundener Pfad führt uns deutlich abwärts, was zumindest bei feuchter Witterung erhöhte Aufmerksamkeit und auch etwas Trittsicherheit erfordert. Nach deutlichem Höhenverlust dürfen wir auf einen querenden Waldweg schwenken und diesem rechts durch hohen Nadelwald folgen.

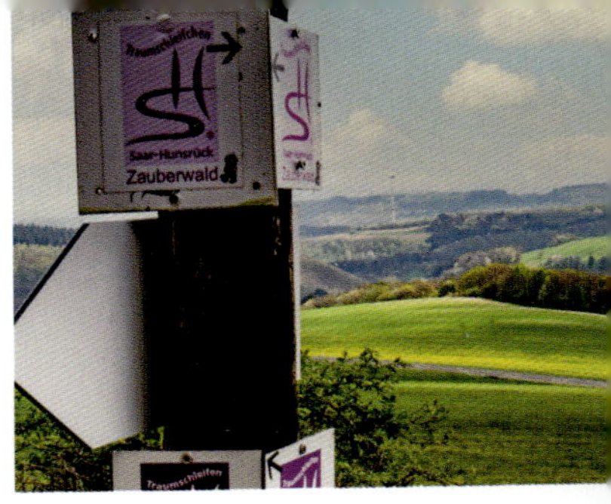

Wieder sorgen Erlebnisstationen für kurzweilige und lehrreiche Unterhaltung am Wegesrand. Dann steht der nächste Richtungswechsel an: Mit scharfem Knick biegen wir links ab und bewältigen im Folgenden wieder einen deutlichen Abstieg. An dessen Ende öffnet sich die Waldkulisse, und wir erreichen den herrlichen Rastplatz neben dem Friedhof **(6)**. Bevor wir weiterwandern, nutzen wir die Gelegenheit zur aussichtsreichen Pause, denn der Blick vom Rastplatz aus ist wirklich beeindruckend.

Beschwingt nehmen wir den letzten Abschnitt der Runde in Angriff und wandern durch ein weiteres Holzportal in den Wald hinein. Dort bietet das Baumschlangentelefon eine

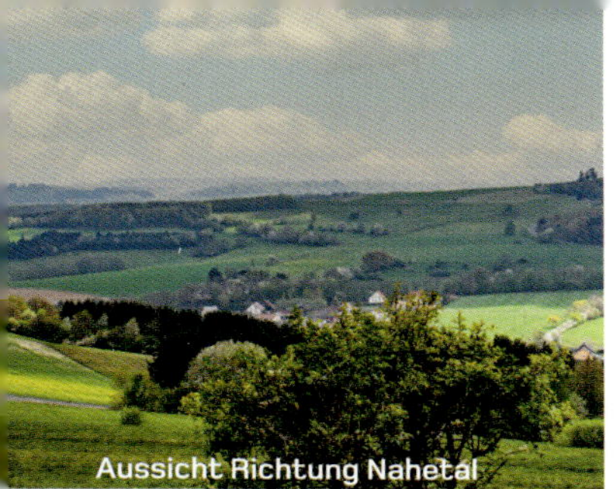
Aussicht Richtung Nahetal

ganz neue Art der Kommunikation. Etwas Aufmerksamkeit ist wenig später gefordert, denn die beiden Trassen des Mountainbikeparks queren unseren Wanderweg.

Wir geben uns danach dem entspannten Waldwandern hin, und ehe wir uns versehen, stehen wir nach **3.4 km** bereits wieder am Tripelpunkt (2) unserer Spazierwanderroute. Wir biegen links ab und folgen dem breiten Weg talwärts. Wir kennen die Route vom Auftakt unsere Wanderung, können daher nun mehr Aufmerksamkeit auf den Wald legen. Wir passieren nach deutlichem Abstieg wieder die eindrucksvolle Rosselhalde und biegen dann auf den Pfad ab, der uns zur Nixe Nina und kurz darauf auch an den Bach führt. Vorbei an den Reckstangen laufen wir wieder zum Abzweig zum Parkplatz Sauerbrunnen, wo wir uns links halten.

Einen Schlenker später kommen wir erneut zum Waldxylofon und treffen schließlich nach **4.7 km** am Parkplatz Zauberwald (1) ein, wo sich der Kreis unserer überaus abwechslungsreichen und alle Sinne ansprechenden Wanderung schließt.

FAZIT

Der Weg verlangt normale Kondition. Festes Schuhwerk ist aufgrund der Naturweganteile wichtig. Aufgrund des Erlebnispotenzials und des Reliefs empfiehlt es sich, die Tour, wie beschrieben, im Uhrzeigersinn zu absolvieren.

Schlüsselstellen: Der Weg weist keine besonders anspruchsvollen Schlüsselstellen auf.

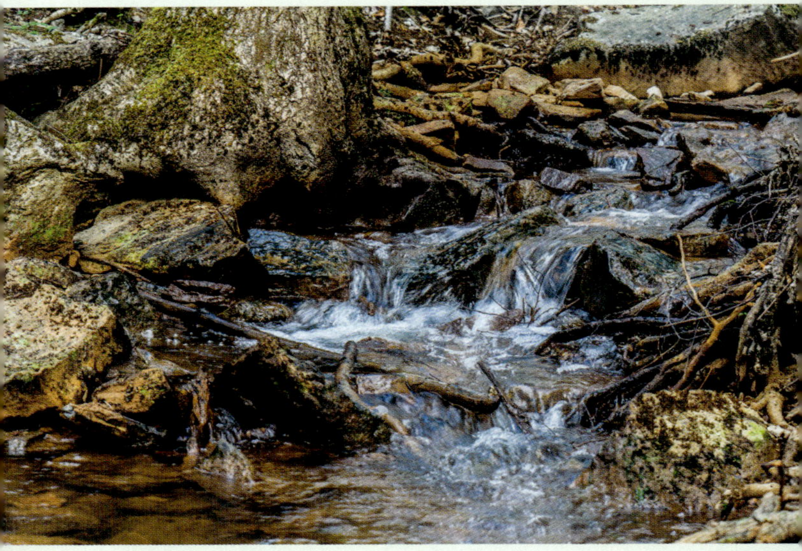

Sprudelndes Nass

Wir kommen dem Mineralwasser des Hunsrücks mehrfach auf die Spur. Neben dem historischen Sauerbrunnen und der Petersquelle sind es in erster Linie die Schwollener Mineralquellen, die das eisenreiche Nass fördern. Man kann in den Bächen an einigen Stellen das Blubbern der aufsteigenden Kohlensäure beobachten. Der mineralreiche Untergrund sorgt dafür, dass das gewonnene Mineralwasser ein breites Spektrum an Elementen beinhaltet. Bis zum Ende des 18. Jhd. florierte daher ein reger Kurbetrieb im Tal, und das Wasser wurde über die Region hinaus verschickt. Übrigens: Mineralwasser darf sich nur ein Wasser nennen, das aus sauberen, nicht verunreinigten Reservoiren stammt und das an Quellen zu Tage tritt. Es muss Mindestgehalte an Mineralstoffen beinhalten, was in der Mineral- und Tafelwasserverordnung geregelt ist. Mineralstoffgehalte von 500 mg/l gelten als gering, solche ab 1500 mg/l als hoch.

Tourist-Information Birkenfelder Land, Friedrich-August-Str. 17 (im Museum), 55765 Birkenfeld, www.birkenfelder-land.de 06782/983457-0,

Rothenburghütte, Kiefernweg 15, 55767 Hattgenstein, wochentags ab 15.00 Uhr, Wochenende & feiertags ab 11.00 Uhr, Di. Ruhetag, 0171/3867873
- *Gaststätte Tarifa Fun, Am Sauerbrunnen 1, 55765 Oberhambach, 06782/988818, Mo. Ruhetag*
- *Haus Wurzelsepp, Hauptstr. 12, 55765 Oberhambach, www.pensionhauswurzelsepp.jimdo.com 06782/8764301*

Haus Wurzelsepp, Hauptstr. 12, 55765 Oberhambach, 06782/8764301 www.pensionhauswurzelsepp.jimdo.com

Von Birkenfeld bzw. Idar-Oberstein fährt meist nur an Schultagen die Buslinie 332 nach Oberhambach und Hattgenstein. www.rnn.info

Campingpark Waldwiesen, Waldwiesen, 55765 Birkenfeld, 06782 / 5215, www.camping-waldwiesen.eu
- *Großer naturbelassener Campingplatz nahe Birkenfeld. Badeteich, Sonnenterrasse, Spielplatz. Pods (Hütten) und Ferienappartments zu mieten. DTV Klassifizierung: 4 Sterne.*

Taxi Rappmann, Am Bußbach 2, 55765 Birkenfeld, 06782-3573

Hunde können die Tour problemlos laufen. Unterwegs gibt es nur am Bach (am Anfang bzw. Ende der Tour) direkten Zugang zum Wasser.

Premium-Wanderwege in der Nähe:

- *Traumschleife Rund um den Zauberwald, Länge:* **10.6 km**

2 Der kleine Märker

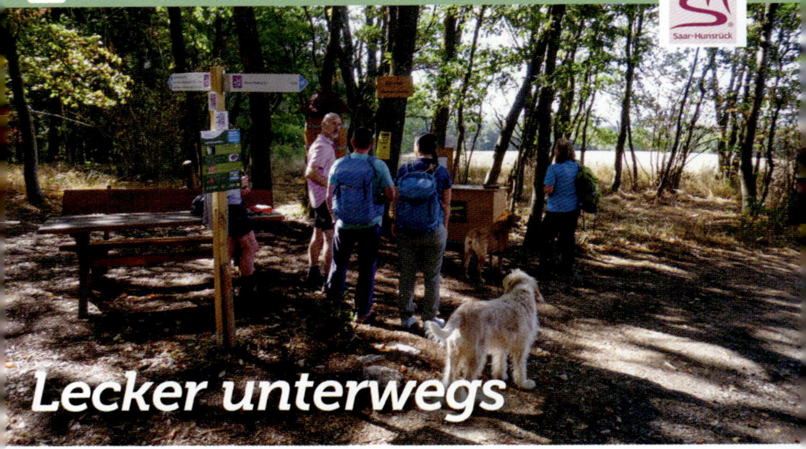

Traumschleifchen Saar-Hunsrück

Lecker unterwegs

5.5 km	2h	144 ↑↓	494	405	475

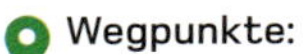

SWP2X211

Start/Ziel: Wanderparkplatz, Am Schwimmbad, Thalfang

Anfahrt: Auf der Hunsrückhöhenstraße (B 327) bis Thalfang. Über die Raiffeisenstraße zum Abzweig Wanderparkplatz

Parken: Schwimmbad Thalfang
N49° 45' 03.4'' • E6° 59' 57.1''

scan to go®

Wegpunkte:

P1 Parkplatz Thalfang
32 U 355874 5512861

P2 Tripelpunkt am Seeufer
32 U 355956 5512793

P3 Tripelpunkt am Ortsrand
32 U 355992 5512723

P4 Aussicht Bäsch
32 U 356374 5512447

P5 Rastplatz
32 U 356583 5511765

P6 Bäscher Genusshöhe
32 U 355892 5511275

P7 Sinnesbank & Fenster
32 U 355842 5511286

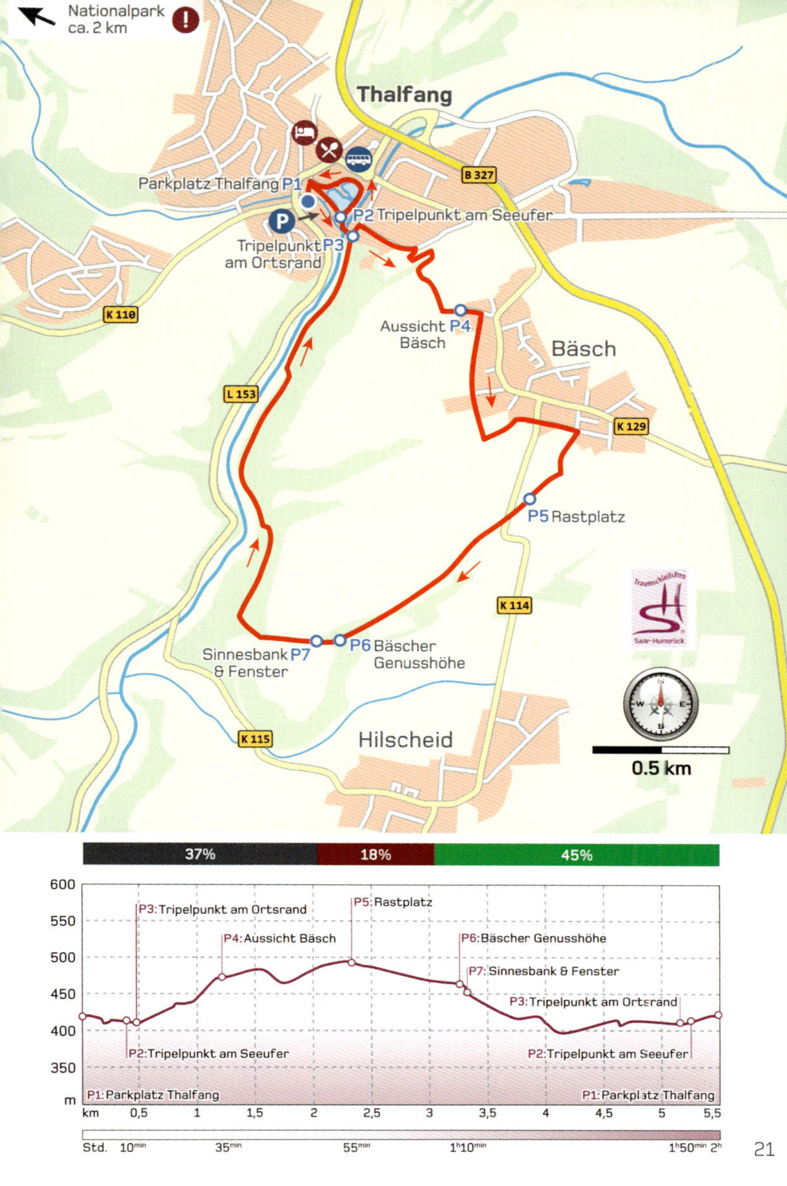
Nationalpark
ca. 2 km
Thalfang
B 327
Parkplatz Thalfang P1
P2 Tripelpunkt am Seeufer
Tripelpunkt P3
am Ortsrand
K 110
Aussicht P4
Bäsch
Bäsch
L 153
K 129
P5 Rastplatz
K 114
Sinnesbank P7
& Fenster
P6 Bäscher
Genusshöhe
K 115
Hilscheid
0.5 km
37%
18%
45%
600
550
500
450
400
350
m
P3: Tripelpunkt am Ortsrand
P4: Aussicht Bäsch
P5: Rastplatz
P6: Bäscher Genusshöhe
P7: Sinnesbank & Fenster
P3: Tripelpunkt am Ortsrand
P2: Tripelpunkt am Seeufer
P2: Tripelpunkt am Seeufer
P1: Parkplatz Thalfang
P1: Parkplatz Thalfang
km 0,5 1 1,5 2 2,5 3 3,5 4 4,5 5 5,5
Std. 10min 35min 55min 1h10min 1h50min 2h

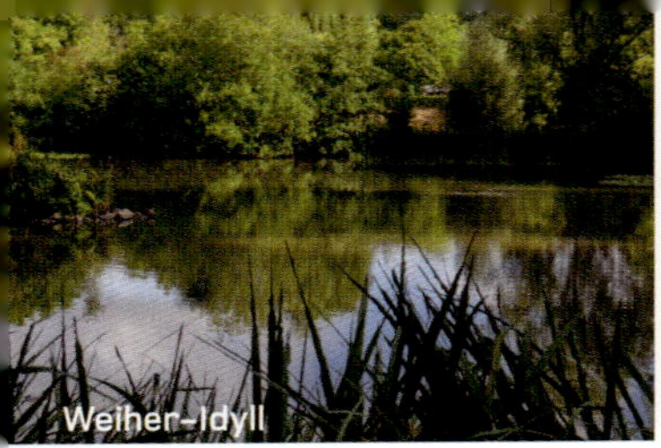
Weiher-Idyll

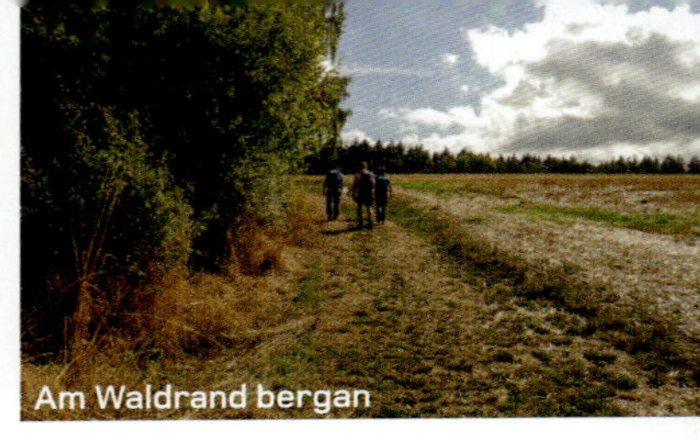
Am Waldrand bergan

Heute wird es genussvoll – und zwar gleich doppelt: Sowohl die Wanderstrecke rund um Thalfang als auch die Versorgung unterwegs versprechen ein herrliches Erlebnis. Entspannte Parkatmosphäre, weite Aussichten und lauschige Waldpfade sorgen für eine rundum schöne Sonntagstour.

Am Wanderparkplatz (1) beim Schwimmbad in Thalfang beginnen wir unsere Rundwanderung auf dem Traumschleifchen Der kleine Märker. Schon nach wenigen Schritten stoßen wir am Rand des Parks auf das Portal der Traumschleife Lecker Pfädchen, die uns heute immer wieder begleiten wird.

Da wir die Runde in der erlebnisreicheren Richtung, also im Uhrzeigersinn, laufen wollen, lassen wir das Portal zunächst unbeachtet und laufen auf dem Asphaltweg nach rechts. Lange bleiben wir nicht auf dem Asphalt, denn schon nach **150 m** dürfen wir rechts abbiegen. Vor uns sehen wir einen Rastplatz auf dem Damm zwischen den beiden Teichen. Doch das Traumschleifchen biegt unmittelbar nach Verlassen des Asphaltweges links auf einen geneigten Wiesenpfad ab, passiert eine links oberhalb positionierte Sinnesbank und führt uns zu einem Zufluss in den Teich. Steine bringen uns trockenen Fußes über das kleine Rinnsal, und wir laufen nun über die Liegewiese am Ufer. Auch hier steht eine Bank zum Verweilen parat, die wir aber dank der frischen Kräfte unbeachtet lassen. Am Ende der Wiese stoßen wir auf einen Fußweg und biegen

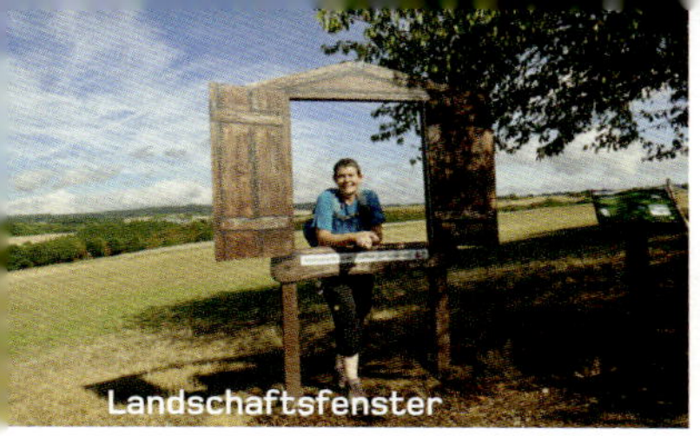

Landschaftsfenster

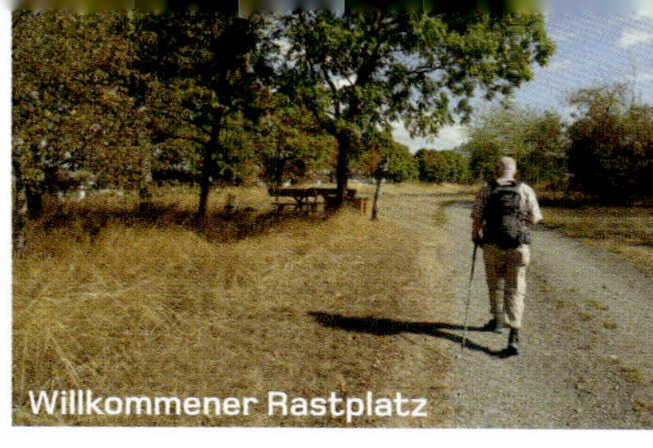

Willkommener Rastplatz

rechts ab. Wir laufen über einen Steg und wenden uns an dessen Ende rechts dem idyllischen Uferpfad zu. Der verläuft entlang des Ufers des nördlichen Teichs und bietet uns schöne Blicke auf das Wasser. Enten sind mit Futtersuche beschäftigt, leise wiegen sich die Halme der Uferpflanzen im Wind, und wir freuen uns über diese Idylle mitten im urbanen Bereich.

Nach **0.4 km** stoßen wir am ersten Tripelpunkt **(2)** der Tour auf die von rechts kommende Traumschleife. Gemeinsam wenden wir uns nach links und folgen dem Verlauf des Marschtelerbaches talwärts. Kurz darauf nutzen wir einen Steg, um den Bach zu queren und laufen zum zweiten Tripelpunkt der Runde, der sich am Waldrand neben dem Feuerwehrhaus befindet. Hier beginnt die eigentliche Funde des Traumschleifchens **(3)**.

Dem Uhrzeigersinn treu bleibend, wenden wir uns nach links, während das Lecker Pfädchen nach rechts abbiegt (von dort kommen wir am Ende zurück). Wir passieren das Feuerwehrhaus und laufen dann rechts entlang der Straße Charlottenhöhe bergan. Wir gewinnen an Höhe, und nachdem wir das letzte Haus hinter uns gelassen haben, schicken uns die Logos scharf rechts auf einen Naturweg.

Der führt uns mit einem Schlenker zu einer Steilstufe, die wir über Erdstufen nebst Seilsicherung überwinden. Oben stoßen wir auf einen geschotterten Querweg, dem wir nach links folgen. Voraus sehen wir nun schon das Gebäude des alten Thalfanger

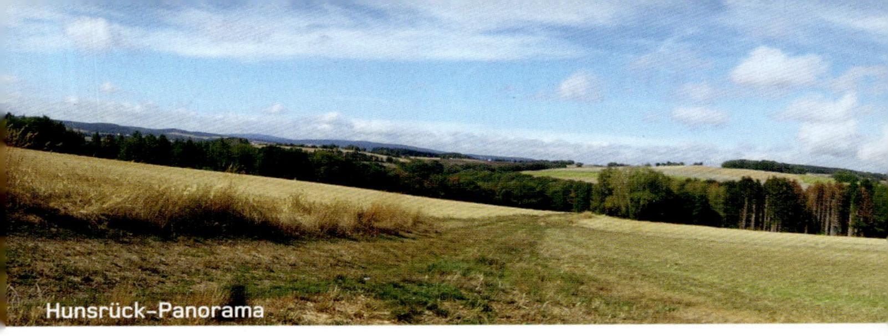
Hunsrück-Panorama

Bahnhofs, das mittlerweile ein Hotel beherbergt. Doch noch bevor wir den Bahnhof erreichen, biegen wir rechts ab, queren die längst von der Natur zurückeroberten Gleise und folgen dann einem weichen Wiesenweg rechts am Gehölzrand entlang.

An einem Markierungspfosten weist unser Logo dann aber links bergauf, und wir ahnen: Jetzt wird es anstrengend. Doch der federnde Grasweg macht uns den Aufstieg leicht, und so erobern wir Schritt für Schritt die Steigung. Leicht außer Puste treffen wir nach **1.2 km** auf einen Querweg und einen Wegweiser. Dieser schickt uns nach links zum nahen Ortsrand von Bäsch. Dort erwartet uns eine perfekt platzierte Sinnesbank (4) mit schöner Aussicht über Thalfang. Diese aussichtsreiche Erholungspause lassen wir uns natürlich nicht entgehen!

Mit neuem Elan setzen wir die Tour fort, passieren die ersten Häuser von Bäsch, nutzen aber schon die erste Möglichkeit, nach rechts abzubiegen. Der Asphaltweg mausert sich bald zum befestigten Feldweg, der uns noch etwas bergan führt und schließlich mitten durch ein Gehöft verläuft. Unbeirrt laufen wir geradeaus durch das Anwesen und folgen nach dem letzten Gebäude einem weiteren Feldweg in die offene Flur. Dabei verlieren wir stark an Höhe, bis wir an einer Weide auf einen querenden Schotterweg treffen. Er führt uns links erneut bergan zur nahen Straße von Bäsch nach Hilscheid, die wir nach **2 km** queren.

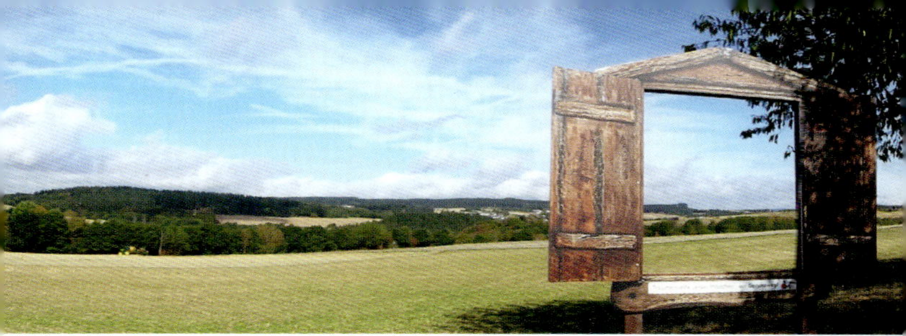

Nun wandern wir geradeaus „Im Kreuzgarten“ weiter aufwärts. Bald erregt links eine umzäunte Weidefläche unsere Aufmerksamkeit: Neugierig recken Alpakas ihre Köpfe empor und beäugen uns. Erfreut über diese unerwartete Begegnung, laufen wir weiter und dürfen an einer Wegkreuzung rechts abbiegen. Nun lassen wir Bäsch endgültig hinter uns und wandern auf weichem Grasweg bei herrlicher Aussicht über die Hunsrückhöhen nur noch sanft bergan.

An einem Baumriegel wenden wir uns nach rechts, genießen den Ausblick und erreichen mit einem kleinen Schlenker den willkommenen Rastplatz am alten Sportplatz (5). Hier können wir uns nach **2.4 km** vom Anstieg erholen und in aller Ruhe die Aussicht auf die Umgebung und zurück nach Bäsch genießen. Erholt setzen wir die Runde fort und laufen zum Wegweiser an der Straße, die wir erneut queren. Auf der anderen Seite folgen wir einem befestigten Feldweg ohne Steigung durch die von Ackerflächen und Gehölz geprägte Landschaft. Langsam wandelt sich das Gehölz zum von Eichen und weiteren Laubbäumen dominierten Wald.

Wir erreichen eine Wegkreuzung, an der wir den Blick rechts weit über den Hunsrück Richtung Mosel schweifen lassen können. Etwas unterhalb steht zudem eine Bank zur Pause bereit. Doch wir bleiben unserem bequemen Forstweg treu und laufen im Schatten der Bäume geradeaus weiter.

Nach **3.3 km** erreichen wir den Höhepunkt der Wanderung: die Bäscher Genusshöhe **(6)**. Ab hier verläuft unser Traumschleifchen gemeinsam mit dem Lecker Pfädchen, dem wir diese tolle Raststation verdanken. Neben den zwei einladenden Rastplätzen sind es eine weitere Getränkekiste mit Wasser, Bier und Radler sowie ein Weinfass mit leckeren Rebensaft-Fläschchen, die für Hochstimmung sorgen. So wird Wandern tatsächlich zum doppelten Genuss ...

Gestärkt verlassen wir die Genusshöhe und werden nur 100 m später am Waldrand mit einer weiteren Attraktion belohnt: Bestens positioniert, bietet eine Sinnesbank eine herrliche Panoramaaussicht, und ein „Genussfenster" **(7)** sorgt für den passenden Rahmen.

Wir sind begeistert, wie sich die kurzweilige Landschaft vor uns ausbreitet, und genießen die Rast ausgiebig. Anschließend folgen wir dem schönen Wiesenweg hinunter zum Waldrand. Dort schlüpfen wir rechts unters Blätterdach und wandern weiter talwärts. Nach einer Nadelwaldpassage biegt unser Pfad rechts in die Hangflanke oberhalb des Langemerbachtals ein und flacht deutlich ab.

Nun genießen wir nach Herzenslust das Pfadwandern im abwechslungsreichen Wald. Mit etwas Auf und Ab geht es tendenziell abwärts. Nach **4 km** biegen wir an einer Bank links ab und queren die längst stillgelegte Bahnstrecke.

Danach folgen wir dem nun etwas breiteren Weg abwärts, bis wir von den Logos erneut rechts auf einen Pfad geschickt werden. Noch einmal schlägt uns der dichte Hang-

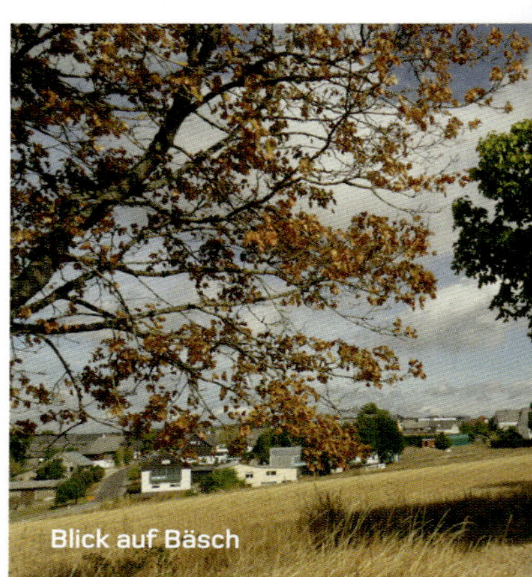
Blick auf Bäsch

wald in seinen Bann, während wir unterhalb des steil aufragenden Bahndamms durch die herrliche Natur wandern. Doch dann senkt sich der Pfad deutlich ab und entlässt uns in den offenen Talgrund. Dort folgen wir dem befestigten Talweg rechts Richtung Thalfang. Am Abzweig zur Kläranlage laufen wir wenig später geradeaus und spüren nun federnden Wiesenboden unter den Sohlen.

Langsam rückt die Bebauung näher, und schließlich treffen wir nach **5.2 km** wieder am Tripelpunkt (3) neben dem Feuerwehrhaus ein. Wir wenden uns nach links, nutzen erneut den Steg über den Bach und erreichen nach kurzem Anstieg den zweiten Tripelpunkt am Seeufer (2). Hier kamen wir zu Beginn von rechts, nun aber laufen wir an der Bank vorbei nach links und umrunden zusammen mit der Traumschleife den südlichen Teich. Entlang des Ufers ergeben sich tolle Blicke zum Wasser, bevor uns eine letzte Gehölzpassage zum Portal der Traumschleife führt.

Hier haben wir nach **5.4 km** die Wahl: Entweder laufen wir links gleich zurück zum nahen Parkplatz (1) oder geradeaus ins Zentrum von Thalfang, wo einladende Gastronomie einen krönenden Abschluss unserer genussvollen Rundwanderung verspricht.

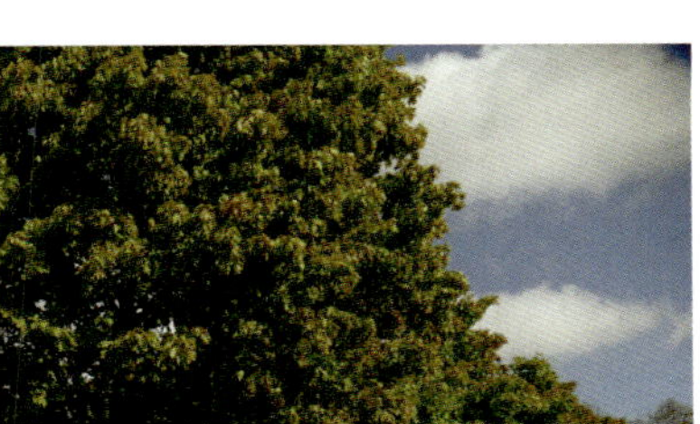

FAZIT

Der Kleine Märker ist gut zu begehen. Aufgrund der Naturwegpassagen ist bei Nässe gutes Schuhwerk wichtig. Am schönsten erlebt man den Weg im Uhrzeigersinn.

Schlüsselstellen: Der Weg weist einige Anstiege auf, die etwas Kondition verlangen.

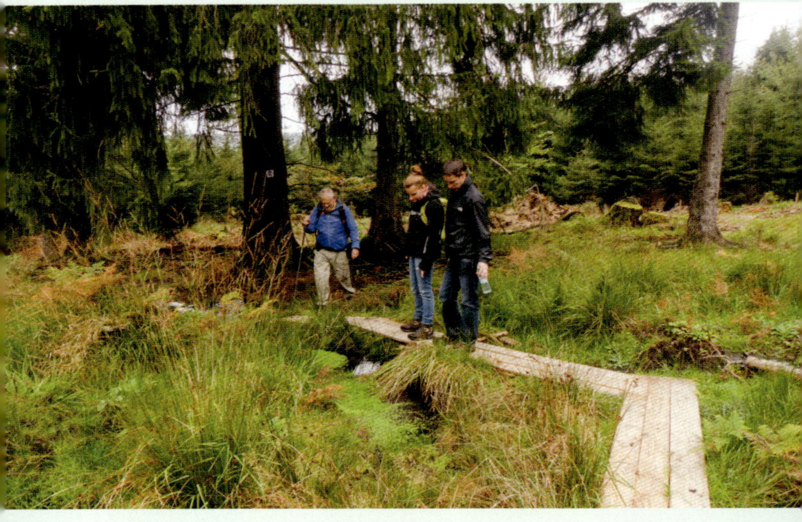

Naturschutz zum Anfassen

Im Jahr 2015 hat die Familie der deutschen Nationalparks Zuwachs bekommen: Der Nationalpark Hunsrück-Hochwald reihte sich damals in den Reigen besonders schützenswerter Naturregionen ein. Mit einer Fläche von gut 10.000 Hektar gehört der Hunsrück-Hochwald nicht zu den ganz Großen, bietet aber eine enorme Artenvielfalt. Herausragend sind Naturräume wie die Hangmoore rund um den Erbeskopf oder die Buchenurwälder. Auch bei der Fauna regt sich artenreiches Leben. Hier ist es besonders die Wildkatze, die auf leisen Pfoten den Weg zurück in die Region gefunden hat und nun mit etwa 100 Tieren einen stabilen Bestand aufweisen kann. Im Nationalpark locken einige Traumschleifen zu Entdeckungstouren auf eigene Faust. Aber natürlich gibt es auch ein breites Angebot an geführten Touren, bei denen Ranger viel Wissenswertes zur Natur vermitteln. Immer einen Besuch wert ist das Nationalparkzentrum am Erbeskopf. Weitere Infos unter: www.nlphh.de

Tourist-Information Thalfang, Saarstraße 3, 54424 Thalfang, ✆ 06504/954097, ⓘ www.erbeskopf.de

Landgasthof Rauland, Hauptstr. 17 54424 Thalfang, ✆ 06504/318, ⓘ www.landgasthof-rauland.com
- Restaurant am Weiher, Talstraße 1, 54424 Thalfang, ✆ 06504/955566, ⓘ www.restaurantamweiher.de

Bahnhof Thalfang, Charlottenhöhe 1, 54424 Thalfang, ✆ 06504/9569330, ⓘ www.bahnhof-thalfang.de
- Hotel Berghof, Berghof 1, 54424 Thalfang. ✆ 06504/91380, ⓘ www.hotel-berghof-thalfang.de

Wohnmobilstellplatz Thalfang, Park Thalfang, 54424 Thalfang, ✆ 06504/2313
- Campingplatz Massingsmühle, 54424 Thalfang/Etgert, ✆ 06504/305, 1.5. – 30.9.

Bis Trier gelangt man mit dem Zug. Ab da kann man mit der Buslinie 800 nach Thalfang fahren. ⓘ www.vrt-info.de

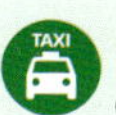

Taxi Marmitt, Thalfang, ✆ 06504/1400
- Taxi Reitz, Morbach ✆ 06533/9578888

Hunde können den Weg ohne Probleme absolvieren, sollten aber an der Leine geführt werden, um Weidevieh und Wild nicht aufzuscheuchen. Unterwegs gibt es keinen Zugang zu Wasser.

Premium-Wanderwege in der Nähe:
- Traumschleife Lecker Pfädchen, Thalfang, Länge: **10.9 km**
- Nationalpark-Traumschleife Gipfelrauschen, Erbeskopf, Länge: **7.4 km**

3 Stein & Wein-Erlebnisweg

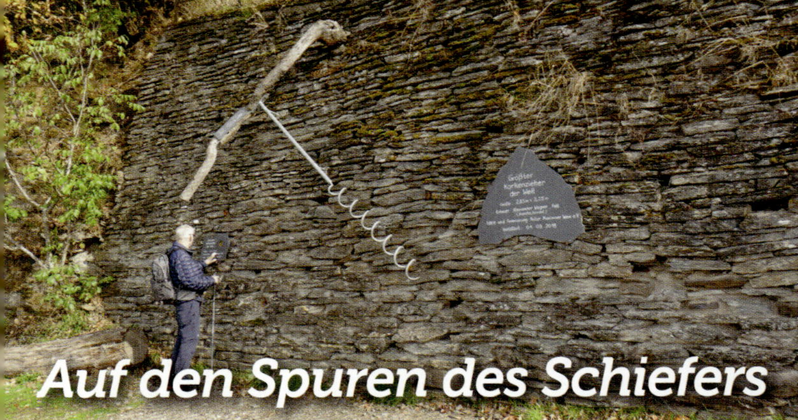

Auf den Spuren des Schiefers

5.1	2h	107	313	368 432	
km	(Dauer)	↑ ↓	(Höhe)	♀ ♂	SWP2X31X

Start/Ziel: Wanderparkplatz in den Weinbergen oberhalb von Fell

Anfahrt: A 602 bis Abfahrt Longuich, weiter über L 150 und L 145 bis Fell. Parken beim Portal in den Weinbergen oder im Ort am Sportplatz (Zuweg führt zum Portal des Weges).

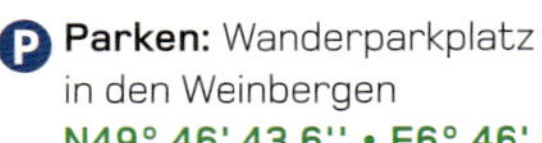

Parken: Wanderparkplatz in den Weinbergen
N49° 46' 43.6'' • E6° 46' 52.6''

- Am Sportplatz (Im Brühl)

N49° 46' 32.8'' • E6° 46' 39.0''

Wegpunkte:

P1 Portal am Lavendelfeld
32 U 5516438 340277

P2 Rastplatz am Kräutergarten
32 U 5515728 340799

P3 Schiefer-Gästebuch
32 U 5515747 341200

P4 Großer Korkenzieher
32 U 5516045 340528

P5 Baumstammbank
32 U 5517006 340129

scan to go®

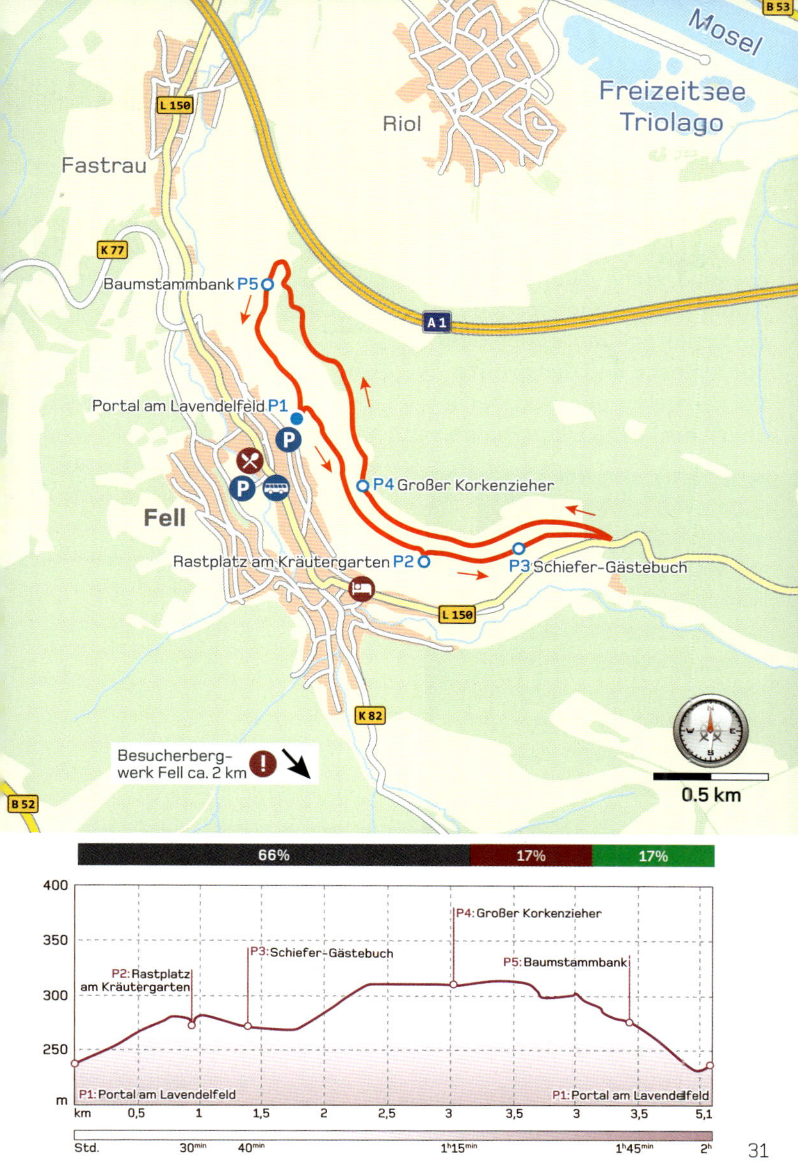
B 53
Mosel
Freizeitsee
Triolago
Riol
L 150
Fastrau
K 77
Baumstammbank P5
A 1
Portal am Lavendelfeld P1
P4 Großer Korkenzieher
Fell
Rastplatz am Kräutergarten P2
P3 Schiefer-Gästebuch
L 150
K 82
Besucherberg-
werk Fell ca. 2 km
0.5 km
B 52
66%
17%
17%
400
350
300
250
m
P4: Großer Korkenzieher
P3: Schiefer-Gästebuch
P5: Baumstammbank
P2: Rastplatz
am Kräutergarten
P1: Portal am Lavendelfeld
P1: Portal am Lavendelfeld
km
0,5
1
1,5
2
2,5
3
3,5
3
3,5
5,1
Std.
30min
40min
1h15min
1h45min
2h

Auf dem Stein & Wein Panorama-Erlebnisweg in Fell wird Abwechslung ganz großgeschrieben. Der Rundgang durch die steilen Weinberge oberhalb von Fell ist dank herrlicher Aussichten und informativer Wegstationen ein ereignisreiches Wandererlebnis. Motivationssprüche, ein Schiefer-Gästebuch oder der kleinste und der größte Korkenzieher der Welt bereichern die kurzweilige Runde.

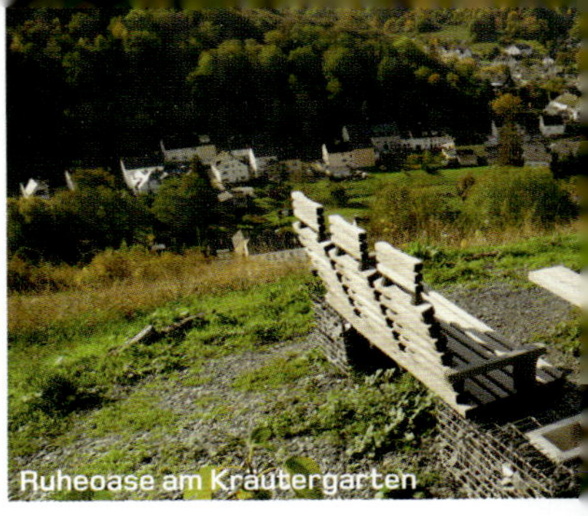
Ruheoase am Kräutergarten

> **!** Zuweg: Wer auf dem großen Parkplatz beim Sportplatz parkt, läuft von dort hoch zur Hauptstraße und quert sie auf Höhe der Bushaltestelle. Dann den Treppenpfad bergan bis zu einem Querweg nehmen. Nun kurz nach rechts, bis man bei einer Bank auf die Zufahrt in die Weinberge trifft. Dieser folgt man stetig bergan nach links. Motivationstafeln ermutigen auf den letzten Metern dieses durchaus anstrengenden, 650 m langen Zuwegs ...

Mitten in den Weinbergen oberhalb von Fell beginnt am kleinen Wanderparkplatz (1) unterhalb des Lavendelfeldes die spannende Runde auf dem Stein & Wein Panorama-Erlebnisweg Fell. Nur wenige Meter auf dem Asphalt, dann steht man an einer Kreuzung mit riesigem Wein-Wegweiser. Ein großes Schieferschild samt hölzernem Fingerzeig nach rechts weist uns die Richtung.

Doch bevor wir loslegen, nehmen wir uns Zeit für das liebevoll angelegte Lavendelfeld mit XXL-Insektenhotel und Infotafel. Auch der Blick hinunter ins Tal und auf Fell ist herrlich. Dann beginnen wir die Wanderung und folgen dem gemächlich ansteigenden Weinbergsweg in die Hangflanke. Dabei begleitet uns eine kunstvolle Trockenmauer, und auf Tafeln lernen wir eini-

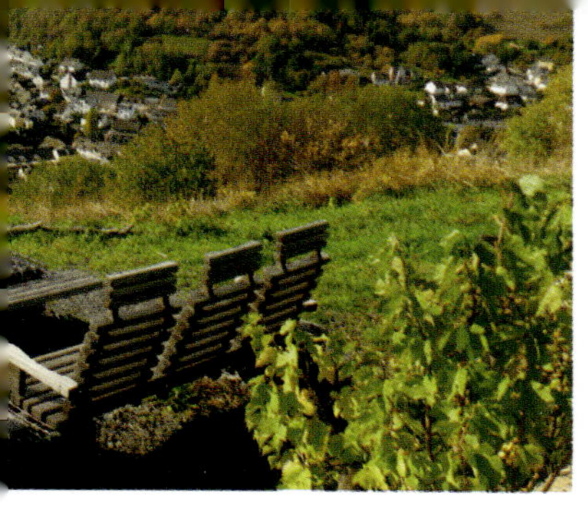

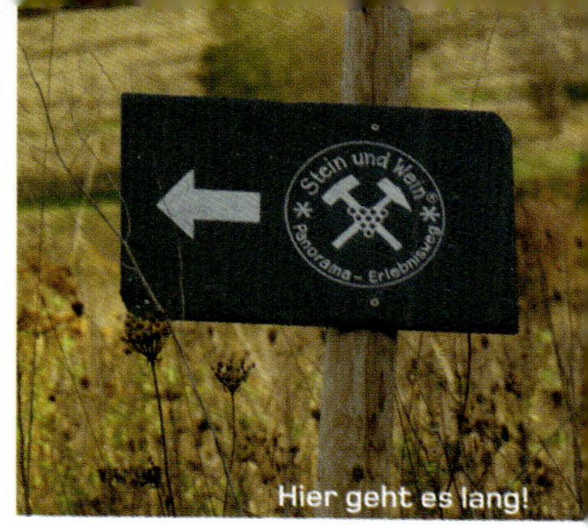

Hier geht es lang!

ge sogenannte „PIWI" Rebsorten kennen, die dank Züchtung eine besser Widerstandsfähigkeit gegen Pilzkrankheiten haben. Zugleich können wir bei jedem Schritt die schöne Talsicht genießen.

Bald geht der Asphalt unter unseren Sohlen in befestigten Grund über, und nun säumen Tafeln zu Sträuchern und später zu Obstgehölzen den Wegesrand. Eine Bank lädt zum Verschnaufen ein, während der Blick weit übers Tal schweift.

Als der Weg eine Kuppe überschreitet, sehen wir voraus bereits einen Baumstamm mit Öffnungen neben dem Weg stehen. Als wir näher kommen, erkennen wir, dass sich nach **0.9 km** auch ein kleiner Kräutergarten rechts des Weges befindet. Neugierig biegen wir auf das kleine Pfädchen ab und steigen hinab zu einem idyllischen Rastplatz **(2)**.

Bequeme Bänke laden hier zum Verweilen ein, und sogar ein Weinkühler fürs zünftige Winzerpicknick steht parat. Gekühlt werden kann er mit Wasser, welches es am Brunnen oben am Weg gibt. Sogar eine Gießkanne steht dort für dem Transport des kühlenden Nasses bereit. Was für ein Service!

Vergnügt steigen wir durch den Kräutergarten wieder hoch zum Weg und stehen dort neben dem zuvor erspähten Baumstamm. Bei näherer Betrachtung erschließt sich nun auch der Sinn der Öffnungen: Es handelt sich um einen Bücherbaum, denn in den Nischen können Bücher hinterlegt werden. Dabei ist so ein zusätzlicher Zeitvertreib gar nicht nötig, denn das Wegumfeld ist kurzweilig, und Langeweile hat keine Chance.

Wir setzen die Wanderung fort und gewinnen oberhalb des Feller Tales weiter an Höhe. Wieder erregen Schiefertafeln am Wegesrand unsere Aufmerksamkeit: Diesmal sind es Bauernregeln, die uns die Folgen des Wetters im Jahreslauf präsentieren. Nun dürfen wir sogar leicht abwärts wandern und können dabei nicht nur die tolle Schiefermauer bewundern, sondern auch den Blick über das Feller Tal schweifen lassen.

Nach **1.5 km** haben wir die nächste Besonderheit des Weges erreicht: das Schiefer-Gästebuch **(3)**. Auch hier haben die Wegmacher wieder sehr viel Mühe zum Detail entwickelt und stellen den Wanderern nicht nur Schiefertäfelchen, sondern auch Schnur und Stift zur Verfügung, um dem Gästebuch ganz individuelle Botschaften hinzuzufügen. Natürlich können auch wir nicht vorbeigehen, ohne ein Täfelchen zu beschriften.

Doch es gibt noch mehr zu sehen: So flankieren zwei sehr besondere Exemplare der

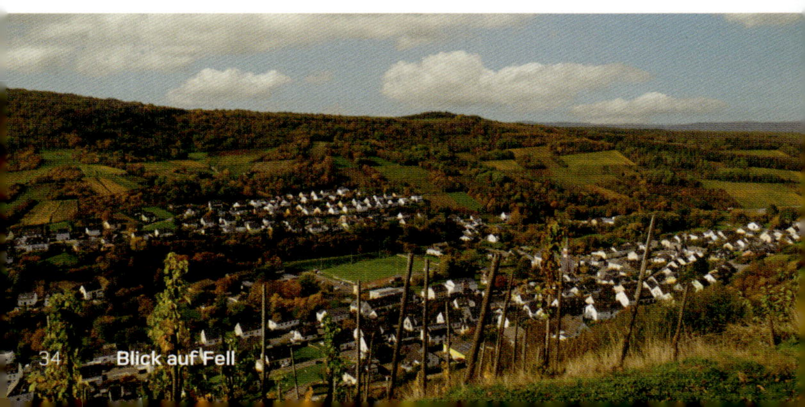

Blick auf Fell

Korkeiche und der Latschenkiefer das Gästebuch, lassen Sie sich überraschen ...

Wer möchte, kann kurz nach dem Gästebuch auch eine Abstecher zur kleinen Kapelle an der L 156 unternehmen. Ein Stichweg führt zur Straße und wieder zurück. Doch Achtung: Der Weg endet unvermittelt direkt an der recht viel befahrenen Landstraße. Wir bleiben dem Hauptweg treu und wandern fast eben weiter. Allmählich rücken Bäume immer näher an den Weg heran, bis wir tatsächlich in den Wald eintreten. Dort empfangen uns die nächsten Infotafeln, die sich diesmal mit dem Thema Fledermäuse auseinandersetzen. Mit neuem Wissen folgen wir dem Waldweg bis zu einer Weggabelung. Hier wenden wir uns mit scharfem Knick nach links und beginnen den nächsten Anstieg.

Der asphaltierte Weg führt uns aus dem Wald zurück in die Gehölzzone, wieder säumen tolle Mauern den Wegesrand. Nach deutlichem Höhengewinn flattern plötzlich bunte tibetische Gebetsfahnen neben dem Weg, und Sitze auf der Mauerkrone laden zur verdienten Rast ein.

Nach **2.7 km** lockt dann eine Sinnesbank an der Hangkante zur Pause, was wir uns angesichts der grandiosen Aussicht nicht zweimal sagen lassen. Kurz darauf stehen die geflügelten Helfer der Land-

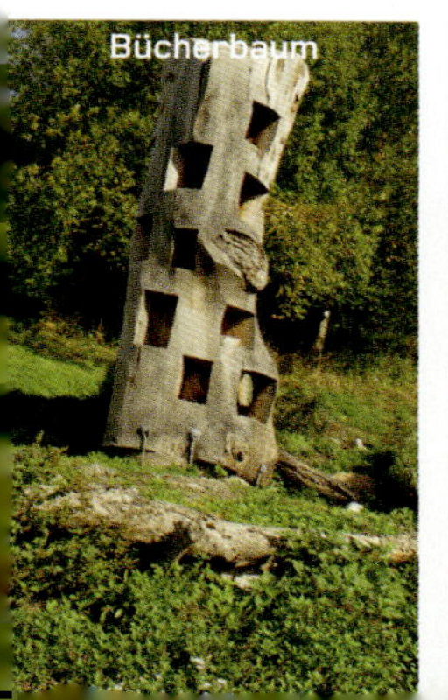
Bücherbaum

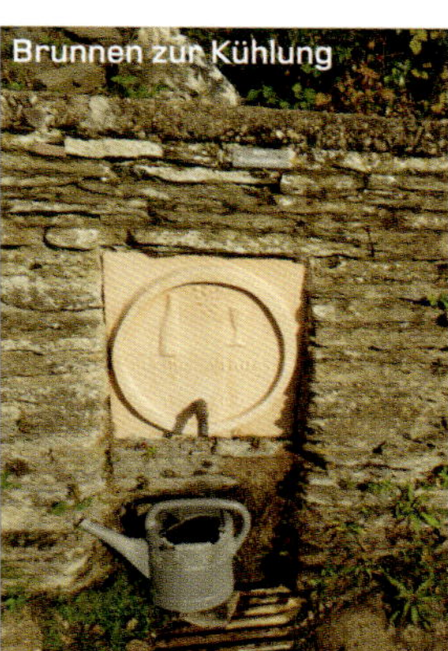
Brunnen zur Kühlung

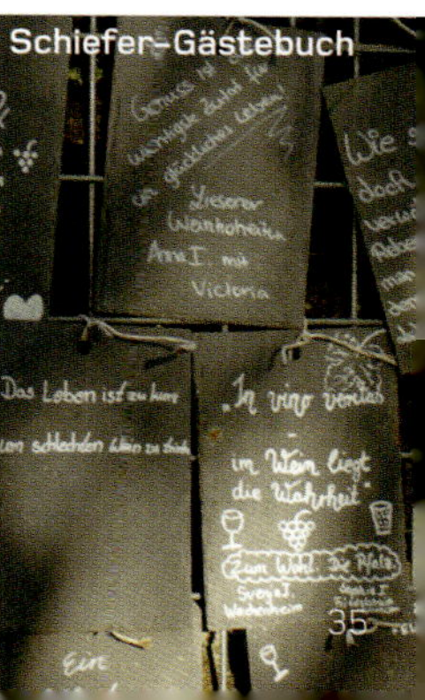

Schiefer-Gästebuch

wirtschaft im Vordergrund: Es geht um Bienen, ohne die so manche Obsternte ausfallen würde.

Bei bester Talsicht wandern wir auf dem nur noch befestigten Weg ohne große Höhendifferenz weiter und passieren einen weiteren riesen Wein-Wegweiser. Nur wenige Schritte später erreichen wir in einer Senke eine Wegkreuzung: Hier laden Baumstammbänke und normale Bänke zum Verweilen ein, und an der hohen Weinbergsmauer können wir einen Riesen-Korkenzieher (4) bewundern.

Das Pendant, ein winziger Korkenzieher, ist in einem Kasten an der Mauer zu entdecken. Wer diese Kreuzung sonntags während der Saison ansteuert, kommt übrigens in den Genuss eines Weinausschanks ...

Unser Wanderweg biegt am Korkenzieher rechts bergan. Felsen begleiten uns, während wir links immer wieder schöne Blicke auf Fell und Richtung Moseltal erhaschen. Sanft gewinnen wir an Höhe und kommen noch einmal an einem Wein-Wegweiser vorbei. Als wieder Gehölze den Weg umfangen, bietet nach **3.6 km** ein kleiner Tisch mit Stühlen eine lauschige Ecke zur Pause.

Dann weichen die Gehölze zurück, und wir stoßen auf einen Querweg, dem wir nach links folgen. An der folgenden Weggabelung schicken uns die Logos nach rechts .

! Wer abkürzen will oder mit Kinderwagen unterwegs ist, sollte aber hier links weiter dem Asphaltweg zurück ins Tal folgen.

Der Stein & Wein Panorama-Erlebnisweg mausert sich nun

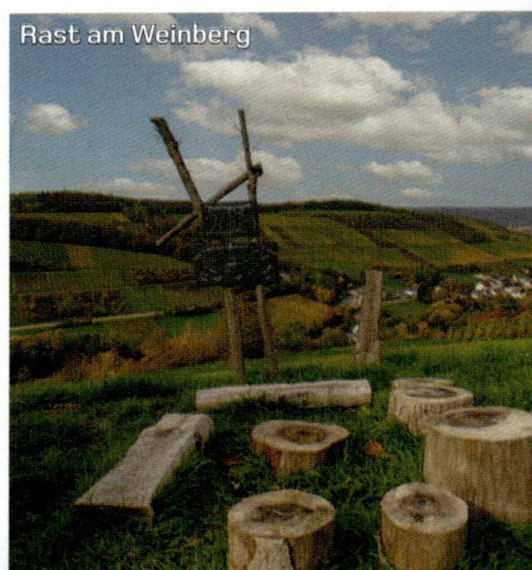
Rast am Weinberg

bald zum Naturweg. Er führt uns an einem Sendemast vorbei und biegt dann an einer Verzweigung links in ein uriges Gehölz. Erstmals spüren wir weichen Grund unter den Sohlen und rascheln im Laub. Schnell liegt das Wäldchen hinter uns, und nach kurzem Abstieg biegen wir, bei toller Fernsicht zur Mosel, rechts ab.

Doch schon an der nächsten Gabelung führen uns die Logos links am Waldrand entlang zwischen Reben und Wald an die Hangkante. Dort wenden wir uns nach links und freuen uns über den weichen Grasweg. Links befinden sich Weinberge, rechts fällt der Hang steil ins Tal ab, und so kommen wir in den Genuss freier Sicht. Eine mächtige Baumstammbank (5) lädt nach **4.4 km** zur Rast, bevor der Endspurt zurück zum Portal folgt.

Wir wandern auf dem bequemen Weg mit leichtem Gefälle Richtung Fell und passieren bald eine Weidenhütte, die von Firmlingen errichtet wurde. Vorbei an Steinmännchen laufen wir bergab und haben dabei Fell bereits wieder im Blick. Nach Durchschreiten einer Senke schwingt sich der Weg noch mal kurz bergan, bevor wir nach **5.1 km** wieder am Asphaltweg beim Lavendelfeld ankommen und sich der Kreis unserer Wanderung am Parkplatz in den Weinbergen (1) schließt.

FAZIT

Der Weg lässt sich bequem und mit normaler Kondition begehen. Es sind mehrere Anstiege, einer davon etwas stramm, zu bewältigen. Feste Schuhe sind grundsätzlich empfehlenswert. Da man fast immer in offenem Gelände unterwegs ist, sollte man sich gegen Sonne, Wind oder Regen schützen.

Schlüsselstellen: Der Weg bietet keine besonderen Herausforderungen. Wenn man im Ort parkt, muss man zusätzlich 650 m und ca. 90 Höhenmeter (jeweils hin und zurück) bewältigen.

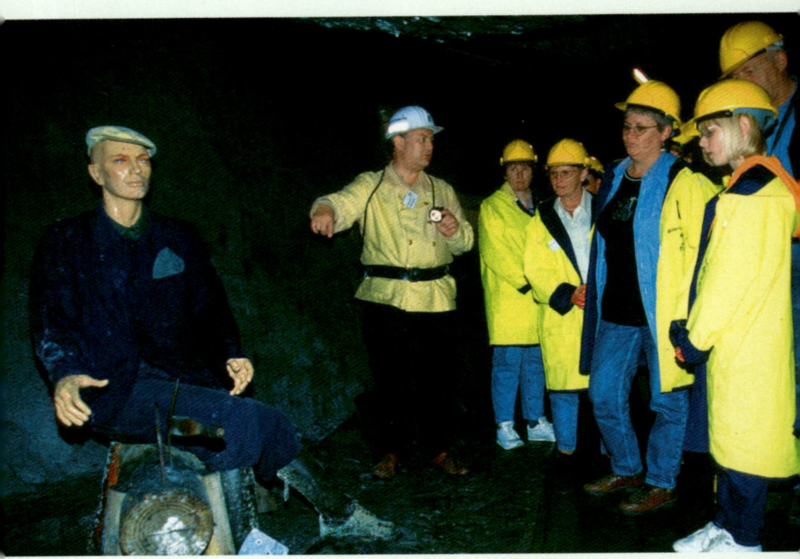

Ausflug unter Tage

Im Nossertal, nicht weit von Fell entfernt, bietet das Besucherbergwerk Barbara-Hoffnung einen spannenden Ausflug unter Tage. Heute verbindet ein Treppenschacht die beiden Gruben, in denen im 19. und 20. Jahrhundert wertvoller Dachschiefer abgebaut wurde. Bei einer Führung (ca. 1 Std.) durch das dauerhaft ca. 12° C kühle Bergwerk sieht man, wie der Schiefer in der vorindustriellen Zeit gewonnen wurde. Im Infozentrum findet man weiteres Wissen rund um den Bergbau und die Natur. Fürs leibliche Wohl wird im Bistro gesorgt. Auf Anfrage gibt es Gruppenführungen, und immer wieder locken Veranstaltungen. Für Kinder wurde das Bergwerksquiz entwickelt, und es werden auch Kinderführungen mit Schatzsuche und Goldwaschen angeboten. Das Bergwerk ist von November bis März geschlossen, Mo. ist Ruhetag. Infos: Besucherbergwerk Fell, Auf den Schiefergruben, 54341 Fell, ⓘ www.bergwerk-fell.de

Tourist-Information Römische Weinstraße e.V., Brückenstr. 46, 54338 Schweich, www.roemische-weinstrasse.de 06502/93380

Restaurant Zum Winzerkeller, Kirchstr. 41, 54341 Fell, www.zum-winzerkeller.de, 06502/9384435, Do. Ruhetag

Hotel-Gasthaus Fellertal, Maximinstr. 6, 54341 Fell, 06502/5166, www.hotel-fellertal.de

Wohnmobilstellplatz am Besucherbergwerk Fell, Auf den Schiefergruben, 54341 Fell, 06502/988588, email: info@bergwerk-fell.de

- *Campingpark Triolago, Moselstr. 13, 54340 Riol, 06502/6421, www.campingpark-triolago.de*

Von Trier aus gelangt man mit der Buslinie 22 nach Fell. www.vrt-info.de

Taxi Druckenmüller, Gewerbegebiet Am Bahnhof, 54338 Schweich, 06502-6800

Hunde können den Weg problemlos bewältigen. Unterwegs gibt es kein Wasser.

Premium-Wanderwege in der Nähe:

- *Traumschleife Schiefer-Wackenweg, Thomm*
Länge: **10.9 km**
- *Seitensprung Mehringer Schweiz, Mehring*
Länge: **13.7 km**

4 Wildkatzenpfad

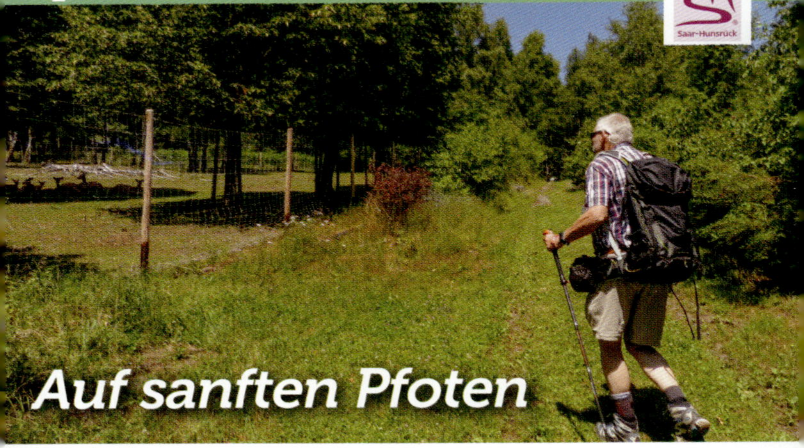

Traumschleifchen Saar-Hunsrück

Auf sanften Pfoten

4.7	1h30min	85	589	312 367
km	(Dauer)	↑ ↓	(höchster Punkt)	♀ ♂

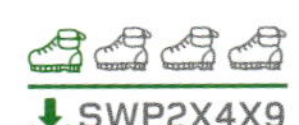

Start/Ziel: Parkplatz Wildpark Rappweiler

Anfahrt: Von Losheim am See auf der L 157 über Rappweiler nach Weiskirchen, weiter über die L 151 zum Wildpark. Alternativ von der B 407 über die L 142 und die L 151 zum Wildpark.

Parken: Wildpark Rappweiler
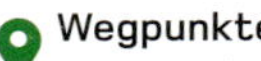
N49° 33' 41.9'' • E6° 47' 10.3''

Wegpunkte:

P1 Portal am Wildpark
32 U 339883 5492275

P2 Tripelpunkt
32 U 339484 5492350

P3 Abzweig Aussichtsplattform
32 U 338604 5492605

P4 Wisentgehege
32 U 338741 5492780

P5 Aussicht & Sinnesbank
32 U 338310 5492848

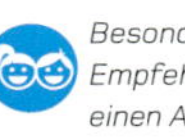

Besondere Empfehlung für einen Ausflug mit Kindern

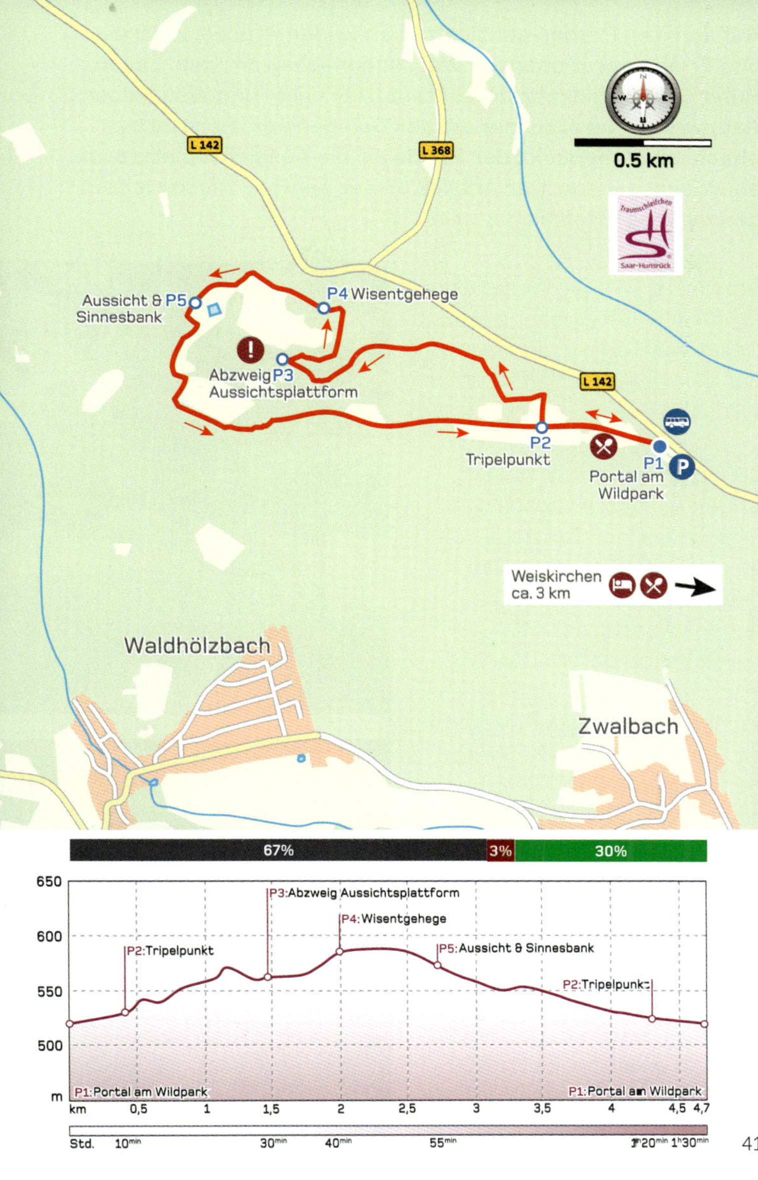
L 142
L 368
0.5 km
Traumschleifchen
Saar-Hunsrück
Aussicht & P5
Sinnesbank
P4 Wisentgehege
Abzweig P3
Aussichtsplattform
L 142
P2
Tripelpunkt
P1
Portal am
Wildpark
Weiskirchen
ca. 3 km
Waldhölzbach
Zwalbach
67%
3%
30%
650
600
550
500
m
P3:Abzweig Aussichtsplattform
P4:Wisentgehege
P2:Tripelpunkt
P5:Aussicht & Sinnesbank
P2:Tripelpunkt
P1:Portal am Wildpark
P1:Portal am Wildpark
km
0,5
1
1,5
2
2,5
3
3,5
4
4,5
4,7
Std.
10min
30min
40min
55min
1h20min
1h30min

Auf sanften Pfaden geht es zu den wilden Pfoten: Zahlreiche Erlebnisstationen am Wegrand machen mit dem Leben Hunsrücker Wildkatzen vertraut. Der Wild- und Wanderpark Rappweiler bietet immer wieder Gelegenheit, Tiere zu beobachten. Höhepunkt der Runde ist die Aussichtsplattform am Wisentgehege. Der Anblick dieser sanften Riesen ist ein besonderes Erlebnis.

Am großen Wanderparkplatz (1) beim Wildfreigehege Rappweiler starten wir zur Tour auf dem Traumschleifchen Wildkatzenpfad.

Zunächst laufen wir an der urigen Almhütte vorbei, den Besuch auf der Terrasse oder im gemütlichen Innenraum heben wir uns für den krönenden Abschluss auf. Auch die Gebäude des Wildgeheges lassen wir rechts liegen und streben direkt zum Holzportal des Wild- und Wanderparks. Der bequeme Weg führt uns, eingerahmt von attraktiven Gehölzen, an den ersten Gehegen vorbei. Holzfiguren vom Totempfahl bis zum Fabelwesen säumen den Wegrand.

Nach **0.4 km** erreichen wir den Tripelpunkt (2) der Runde und den eigentlichen Start des Wildkatzenpfades. Ein

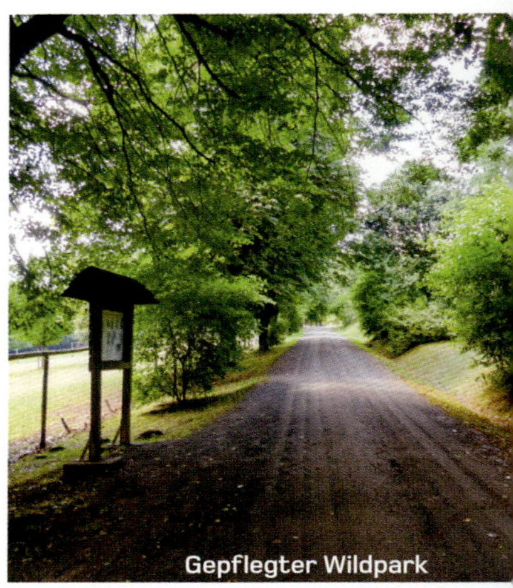

Gepflegter Wildpark

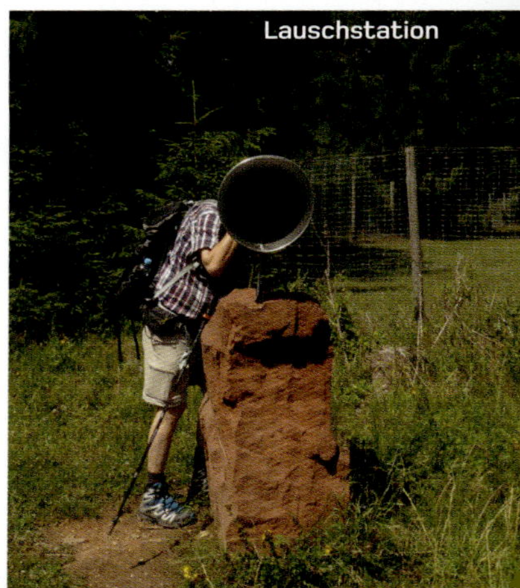

Lauschstation

Wegweiser schickt uns rechts bergan, eine kleine Grillhütte steht zur Pause bereit. Doch wir wollen den „Tigern des Hunsrück" auf die Spur kommen und passieren erwartungsvoll das Holzportal des Erlebnispfades.

Beobachtet von einigen im Schatten liegenden Rehen im benachbarten Gehege, wandern wir sanft bergan und freuen uns im Sommer an den teils mannshohen, violett leuchtenden Digitalis-Pflanzen. Nach mäßigem Höhengewinn treffen wir am Waldrand auf einen Querweg und biegen links ab. Natürlich nicht, ohne zuvor auf der Infotafel des Erlebnispfades gelernt zu haben, was eine Wildkatze von der Hauskatze unterscheidet.

Der idyllisch mitten durchs üppige Grün zwischen Wald und Gehege verlaufende Waldweg begeistert uns, und als wir von den Logos rechts auf einen Pfad in den Wald geschickt werden, sind wir gespannt, was uns dort erwartet. Wir folgen weiter dem urigen Waldpfad, der sich, nur unmerklich ansteigend, idyllisch durch die Baumstämme windet. Als unser Pfad schließlich links auf einen Waldweg abknickt, erläutert uns die nächste Tafel das Familienleben der Wildkatzen.

Anschließend folgen wir dem Waldweg durch den von Fichten dominierten Wald, dürfen aber schon bald rechts erneut auf einen Pfad wechseln. Nach sanftem Anstieg queren wir einen weiteren Waldweg, behalten aber die Richtung bei und freuen uns nun über das sattgrüne Laub der Buchen, die diesen Waldabschnitt prägen.

Dann ist sportliche Betätigung gefragt, denn die dritte Erlebnisstation beschäftigt sich mit der Sprungfähigkeit von Wildkatze und Co, und jeder ist eingeladen, sein eigenes Können auf dem weichen Waldweg unter Beweis zu stellen.

Nach **1.2 km** queren wir einen befestigten Forstweg, dürfen aber gleich wieder pfadig dem Waldwandern frönen. Doch

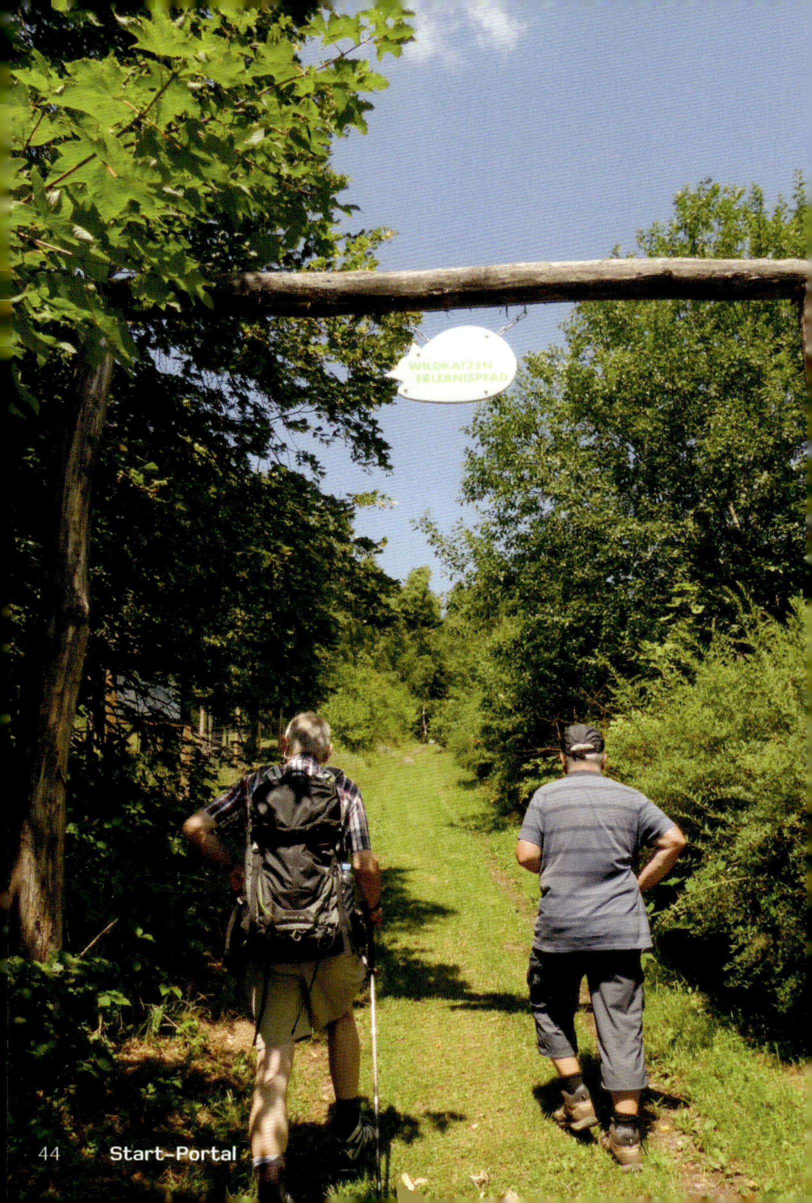

Start-Portal

dann reißt die Blattkulisse auf, und wir stehen am Rand einer Waldwiese. Linkes ragt ein aufgetürmter Steinhaufen auf, Relikt eines mittlerweile verlegten Geheges. Wir tauchen wieder in den Wald ein und erreichen kurz darauf eine Wegkreuzung.

Hier endet der Pfad, und wir laufen geradeaus auf befestigtem Weg weiter. Kurz darauf stehen wir am nächsten Wegweiser des Traumschleifchens, das an dieser Stelle rechts abbiegt.

Doch zuvor lockt der nur 50 m entfernte Aussichtsturm. Klar machen wir diesen Abstecher und erobern die überdachte Aussichtsplattform (3), die uns besten Einblick in die Gehege von Dammwild und Wisenten geben. Leider lassen sich die Tiere nicht immer blicken ...

Wir kehren zum Wegweiser zurück und folgen dem Pfad, der unmittelbar am Zaun des Wisentgeheges entlangführt. Wo stecken nur, die braunen Riesen? Unser Pfad mündet am Ende des Geheges auf einen Wirtschaftsweg, dem wir links bergan folgen. So erreichen wir nach knapp **2 km** die nächste Wegkreuzung, an der ein überdachter Rastplatz (4) zum Verweilen einlädt.

Zudem stoßen wir an dieser Stelle auch auf den Saar-Hunsrück-Steig, und eine Erlebnisstation zu den Lebensräumen der Wildkatzen gibt es auch noch. Wir biegen links ab und folgen nun dem befestigten Weg erneut am Rand des Geheges entlang. Und dann stehen sie plötzlich vor uns: Unweit der Futterhütte hält sich die kleine Herde der Wisente auf und schaut neugierig zu uns herüber. Sie sind wirklich beeindruckend mit dem dicken, etwas zotteligen Fell, und trotz ihrer Größe (die Bullen können es auf eine Tonne Gewicht bringen) sind diese Vertreter einer uralten Wildrindrasse friedlich.

Beschwingt setzen wir unsere Wanderung noch leicht ansteigend fort und lassen immer wieder den Blick über das Gehege schweifen. Bänke laden immer wieder zum Rasten ein, und bald ist die Kuppe überschritten, und wir dürfen sanft abwärts laufen.

Nach **2.7 km** passieren wir eine Aussichtstafel, und es steht eine der bequemen Sinnesbänke (5) zum Genießen der Sicht bereit. Wir folgen weiter dem bequemen Weg zwischen Wald und Gehege und bekommen, nach einem Schlenker, am Gruppenrastplatz Gelegenheit zur Pause. Aber es gibt noch eine außergewöhnliche Attraktion zum Ausruhen: An der Baumelstation von „Saarland To STAY" kann man so richtig abhängen.

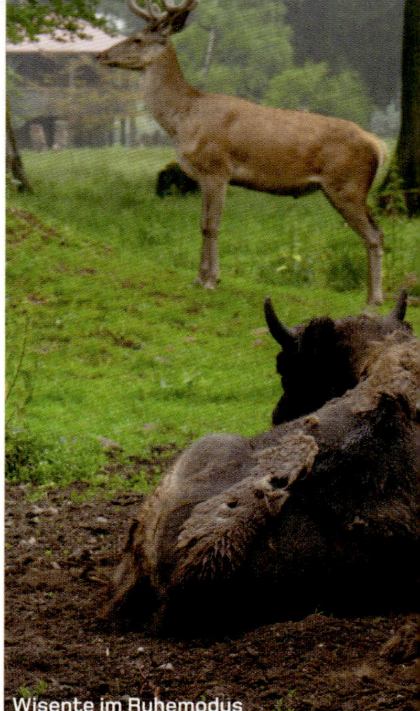
Wisente im Ruhemodus

Dazu muss man sich am Start in der Wildpark-Alm eine Hängematte ausleihen, die man dann an den gekennzeichneten Baumelstationen aufhängen darf. Und schon steht dem tiefenentspannten Beobachten von Wald und Wild aus der Hängematte nichts mehr entgegen ...

Wir wandern weiter, und kurz darauf verbschieden sich die Traumschleife Zwei-Täler-Weg und der Saar-Hunsrück-Steig, die beide geradeaus Richtung Waldhölzbach verlaufen. Wir aber biegen scharf links ab und probieren an der hiesigen Erlebnisstation das montierte Hörrohr aus.

Danach bringt uns der breite Weg zügig zum Waldrand, wo es nach einem letzten Blick zum Damwild im

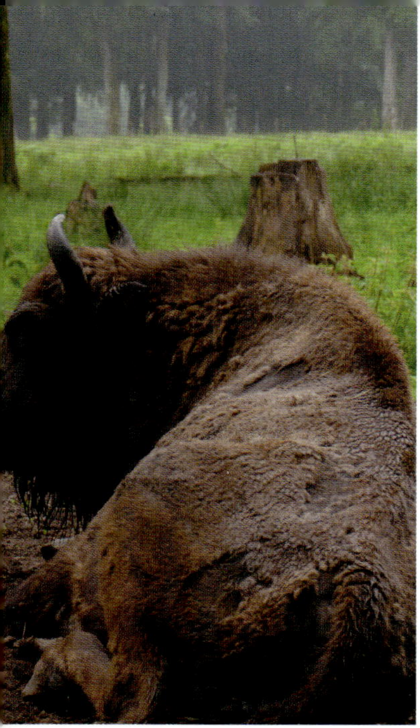

Gehege pfadig weiter geht. Wir gewinnen etwas an Höhe und treffen unweit zweier Bänke auf einen breiten, befestigten Forstweg. Wir biegen rechts ab und wandern nun gemütlich durch den von herrlichen Buchen dominierten Mischwald. Bald schon öffnet sich der Wald, und wir haben wieder den Bereich der Gehege erreicht.

Noch einmal bekommen wir Gelegenheit, Tiere zu beobachten. Flinke Ziegen erklettern die Felsen im Gehege, während Rotwild und Wildpferde mit Grasen beschäftigt sind.

Dann schließt sich an der Grillhütte (2) der Kreis der Runde, und wir gelangen über den bereits bekannten Weg zurück zur Wildpark-Alm. Hier beschließen wir nach **4.7 km** mit einer zünftigen Einkehr die erlebnisreiche Tour auf der Spur der Wildkatze.

FAZIT

Der Weg ist mit normaler Kondition und Trittsicherheit gut zu bewältigen. Bei Nässe können manche Abschnitte rutschig sein, daher sind feste Schuhe empfehlenswert.

Schlüsselstellen: Der Weg weist keine besonders herausfordernden Passagen auf.

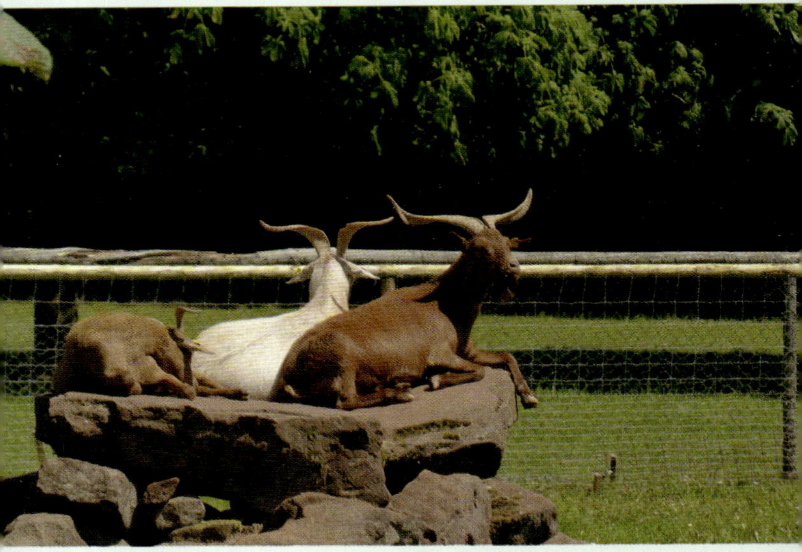

Auf Tuchfühlung mit Waldbewohnern

Auf Du und Du mit Rotwild oder mächtigen Damhirschen: Im weitläufigen Wildgehege bei Rappweiler lassen sich sonst eher scheue Waldbewohner gut beobachten. Dennoch bleiben dem Wild genug Rückzugsmöglichkeiten. Besondere Höhepunkte sind die Beobachtung von friedlich grasenden Wisenten oder quirligen Ziegen. Auf insgesamt 75 Hektar tummeln sich außerdem Hirsche, Dam- und Rotwild. Das Areal beinhaltet auch ein Info-Zentrum des Naturparks Saar-Hunsrück mit einer interessanten Dauerausstellung. Nach dem Rundgang lädt der gemütliche Waldgasthof zur Stärkung ein.

Übrigens: Ein Großteil der Wege an den Gehegen ist auch mit Kinderwagen oder Rollstuhl befahrbar.
Weitere Informationen: Tourist-Information Weiskirchen
✆ 06876/709637, ⓦ www.wildpark-weiskirchen.de

Hochwald-Touristik GmbH Weiskirchen, Trierer Str. 21, 66709 Weiskirchen, 06876-7093, www.weiskirchen.de

Waldgasthof Wildpark, Zum Wildpark 1, 66709 Weiskirchen, 06872/994545, www.waldgasthof-wildpark.de, Mo. & Di. Ruhetag

- Café Louis, Auf der Heide 56, 66709 Weiskirchen, 06876-91090, Mo bis 13.00 Uhr

Flair Parkhotel, Kurparkstraße 4, 66709 Weiskirchen, 06876-9190, www.parkhotel-weiskirchen.de

- Jugendherberge Weiskirchen, Jugendherbergstraße 12, 66709 Weiskirchen, 06876-231, www.diejugendherbergen.de

Campingplatz Schwarzwälder Hochwald, Zum Campingplatz 10, 66709 Weiskirchen, 06876/366, www.camping-weiskirchen.de

- Reisemobilstellplätze Burgstraße, 66709 Weiskirchen, 06876/70937, 6 Stellplätze mit Ver- & Entsorgung

Von Wadern bzw. Merzig erreicht man Weiskirchen mit den Buslinien 219 und R1. Weitere Informationen unter: www.saarvv.de

Taxi Martin, Auf der Kimm 36, 66709 Weiskirchen, 06876-700750

Hunde können den Weg ohne Schwierigkeit laufen. Sie sind aber unbedingt an der Leine zu führen! Unterwegs gibt es keinen Zugang zu Wasser.

Premium-Wanderwege in der Nähe:

- Traumschleife Hochwaldpfad, Weiskirchen, Länge: **11.9 km**
- Traumschleife Zwei-Täler-Weg, Weiskirchen, Länge: **13.1 km**
- Traumschleife Wildnis-Trail, Weiskirchen, Länge: **17.5 km**

5 Garten-Wellness-Runde

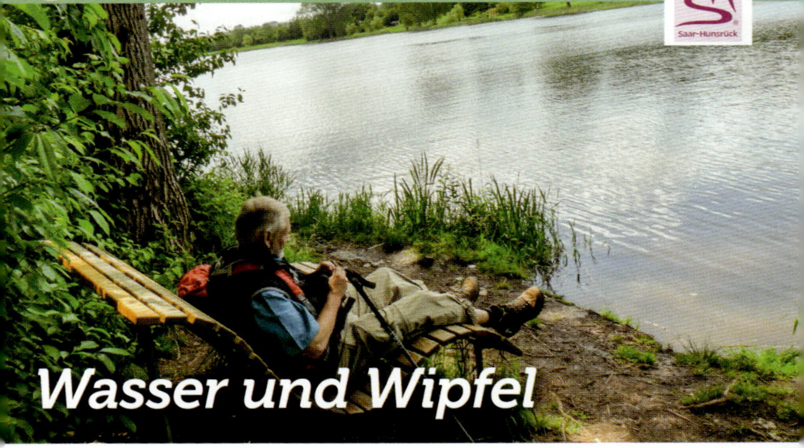

Traumschleifchen Saar-Hunsrück

Wasser und Wipfel

km	h	↑ ↓	▲	♀ ♂	
6	2	97	360	397 466	SWP2X5X8

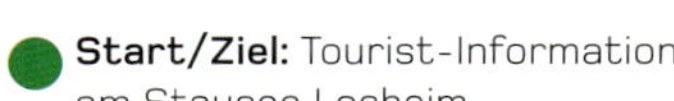

Start/Ziel: Tourist-Information am Stausee Losheim

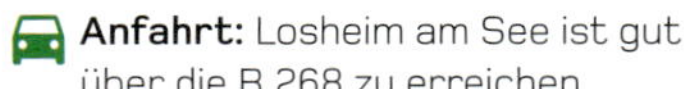

Anfahrt: Losheim am See ist gut über die B 268 zu erreichen.

Parken: Parkplatz Stausee Losheim (gebührenpflichtig)

N49° 31' 14.5'' • E6° 44' 25.6''

Wegpunkte:

P1 Portal am Stausee
32 U 336242 5188051

P2 Farnwiese
32 U 335027 5488148

P3 Treffen auf Saar-Hunsrück-Steig
32 U 335001 5489064

P4 Kneippanlage Losheim
32 U 334873 5488197

P5 Sinnesbank am Seeufer
32 U 335541 5487890

P6 Sinnesbank mit Parkblick
32 U 336119 5488056

scan to go®

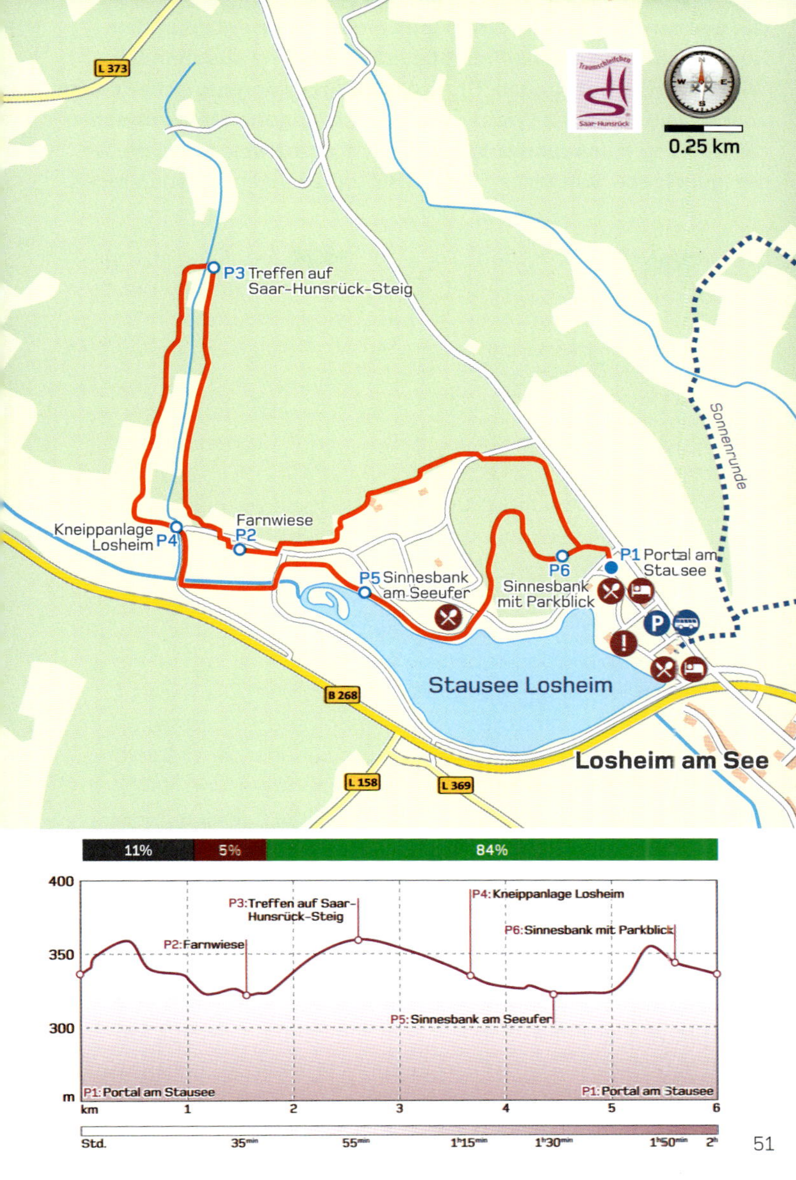
L 373
Traumschleifchen
Saar-Hunsrück
0.25 km
P3 Treffen auf
Saar-Hunsrück-Steig
Sonnenrunde
Farnwiese
P2
Kneippanlage
Losheim P4
P5 Sinnesbank
am Seeufer
P6
Sinnesbank
mit Parkblick
P1 Portal am
Stausee
Stausee Losheim
B 268
L 158
L 369
Losheim am See
11%
5%
84%
400
350
300
m
km
1
2
3
4
5
6
P1: Portal am Stausee
P2: Farnwiese
P3: Treffen auf Saar-Hunsrück-Steig
P4: Kneippanlage Losheim
P5: Sinnesbank am Seeufer
P6: Sinnesbank mit Parkblick
P1: Portal am Stausee
Std.
35min
55min
1h15min
1h30min
1h50min
2h

Die Garten-Wellness-Runde lädt ein zu einer entspannten Runde zwischen Losheimer Stausee und den rauschenden Wipfeln des Hochwaldes. Ohne große Anstrengung streift man vorbei an wogenden Wiesen ins verschwiegene Metzenbachtal. Entlang murmelnder Wasser geht es zurück zum See, wo der gepflegte Seegarten nebst Bistro zu einem Besuch lockt.

Unweit der Uferpromenade des Losheimer Sees befindet sich am Rand des Hochwaldes das große Holzportal der Garten-Wellness-Runde (1), die auf 6 Kilometern eine tolle Gelegenheit bietet, die unterschiedlichen Landschaftsformen des Hochwaldes hautnah und fast ohne Anstrengung zu erleben.

Wir folgen dem gewundenen Pfad unter den weit ausladenden Wedeln der Nadelbäume, die willkommenen Schatten spenden, bergan. Bald zweigt ein Stichpfad zum Gartenbistro des Seegartens ab, doch diesen Besuch heben wir uns für den Schluss auf. Wenige Schritte später verlassen uns der Saar-Hunsrück-Steig (SHS) und die Traumschleifen Tafeltour und Hochwälder, während wir dem hellen Traumschleifchen Logo der Garten-Wellness-Runde nach rechts folgen. Nach knapp **500 m** ist der erste Anstieg vollendet, und unser Pfad flacht deutlich ab. Wir queren die Finnbahn und folgen dem Pfad, der sich durch attraktiven Laubjungwald windet. Die markanten Logos sorgen dafür, dass wir einen Knick nach links nicht verpassen, der den Wechsel in hohen Nadelwald einläutet. Jetzt senkt sich der Pfad deutlich ab und führt uns bald zur Querung der Zufahrtsstraße des Campingplatzes. Auf der anderen Seite tauchen wir sogleich wieder in die grüne Natur ab und wandern links auf weichem Waldpfad nördlich des Campingplatzareals entlang.

Dabei rahmen Gehölze den Weg ein, sodass wir vom Treiben der Camper wenig mitbekommen. Nach **1 km** führt uns die Garten-Wellness-Runde wieder in den

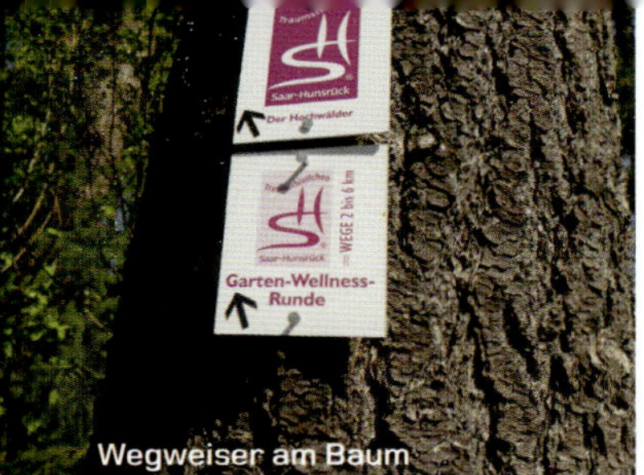

Wegweiser am Baum

ruhigen Nadelwald, wo ein üppiger Nadelteppich unsere Schritte dämpft. Im schummrigen Dämmerlicht des Waldes dürfen wir den Abzweig nach links abwärts nicht übersehen, denn nun senkt sich unser Weg zum See hinab. Bald erreichen wir den Waldrand und schnuppern bei der Querung einer Wiese zumindest im Sommer den Duft der Wiesenblumen und Hecken.

Es beginnt eine sehr abwechslungsreiche Passage, denn gerade schlängelt sich unser Pfad noch durch Haselnussgehölze, dann stehen dichte Schlehen- und Schwarzdornhecken Spalier. Derart kurzweilig unterhalten, nähern wir uns erstmals freiem Feld. Bei **Kilometer 1.6** verlassen wir die Gehölze und dürfen auf federndem

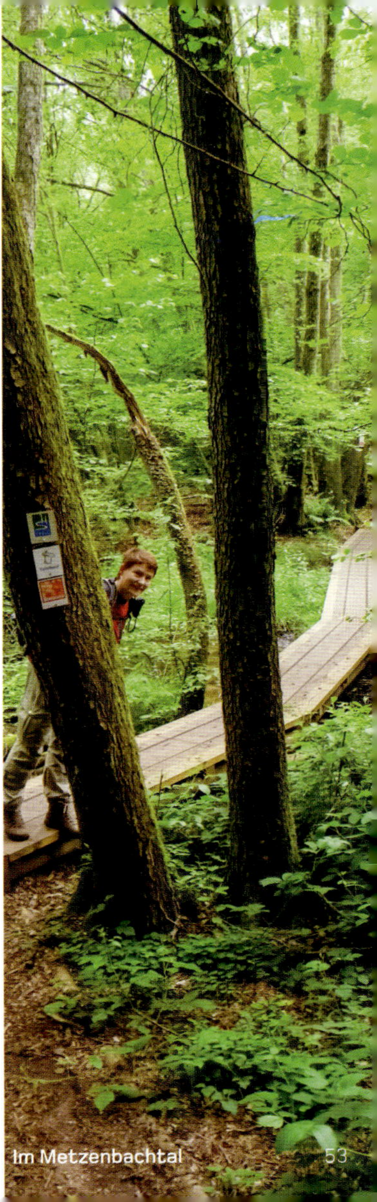

Im Metzenbachtal

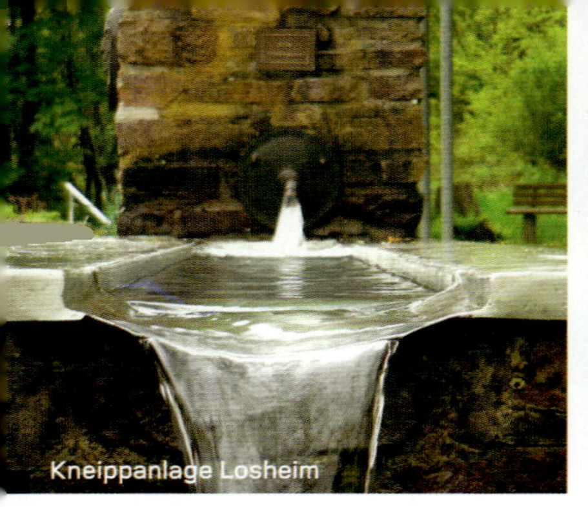
Kneippanlage Losheim

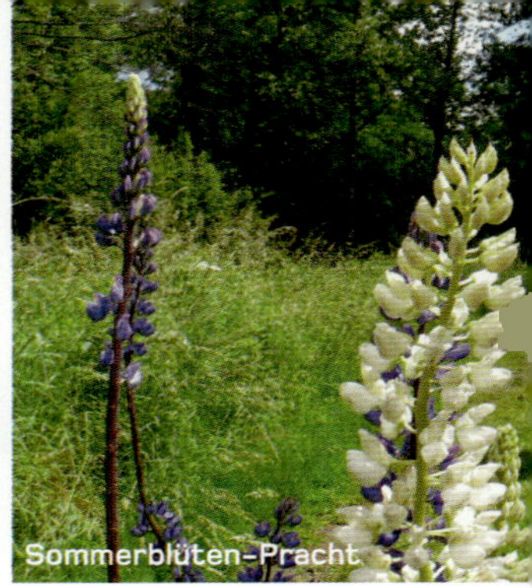
Sommerblüten-Pracht

Wiesenweg mitten durch ein grandioses Farnmeer **(2)** streifen, was besonders im Sommer ein tolles Erlebnis ist! Klar nehmen wir auf der bereitstehenden Sinnesbank Platz und genießen die Szenerie.

Viel zu rasch verlassen wir die filigranen Begleiter, queren einen Asphaltweg und widmen uns dem nächsten Wald-Gehölz-Abschnitt. Nach einigen Windungen endet der Pfad schließlich an einem breiten Waldweg, dem wir auf Höhe der Losheimer Kneippanlage nach rechts folgen. Die Kneippanlage beachten wir noch nicht, denn auf dem Rückweg werden wir an deren Vorderseite vorbeikommen.

So wandern wir rechts in das Metzenbachtal, wo uns erstmals auf dieser Tour herrliche Stille umfängt. Wir genießen es, den Geräuschen des Waldes und seiner Bewohner nachzuhorchen und folgen dem Bachlauf mit sanfter Steigung. Nach **2.6 km** treffen wir an einer Bank auf den Saar-Hunsrück-Steig **(3)**, der uns nun bis zum Ende der Tour begleiten wird.

Gemeinsam schwenken wir links zum Metzenbach, den wir mithilfe von Stegen queren. Besonders im Frühjahr offenbart sich hier ein reiches Biotop, denn im seichten Wasser gedeihen Wasserpflanzen, und ab und an tummeln sich auch Amphibien. Nachdem wir

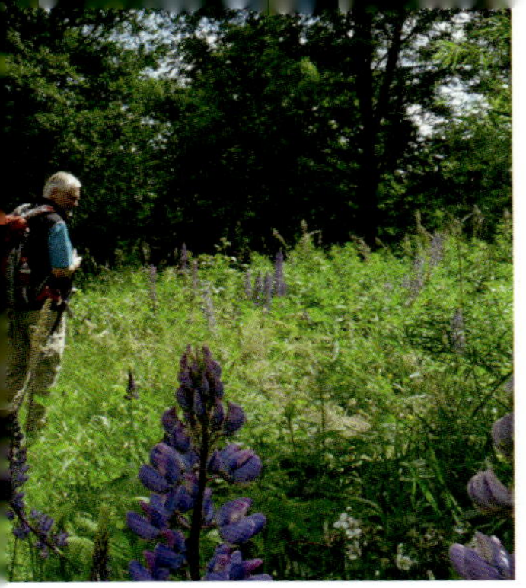

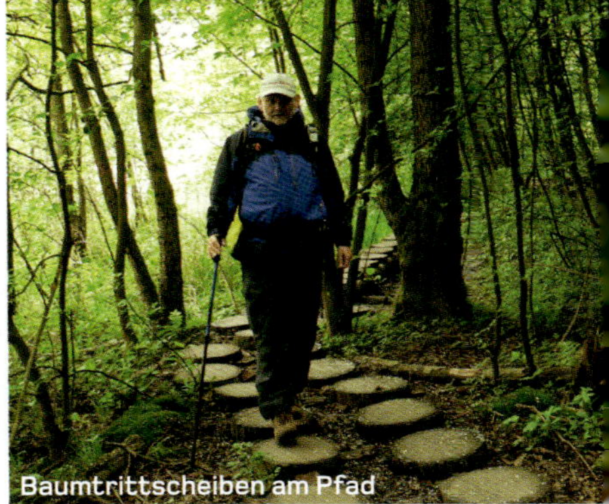

Baumtrittscheiben am Pfad

den Bach überwunden haben, führt uns ein weicher Waldweg durch schattigen Mischwald, der sich auf der linken Seite bald einer Waldwiese öffnet. Kurz darauf kündigt eine Gehölzzone den Übergang zur offenen Wiesenlandschaft an.

Nun spüren wir, wie der Grasboden unter unseren Füßen federt und schreiten beschwingt aus, bis wir an einem Wegweiser auf einen befestigten Weg treffen. Wir schwenken nach links und erreichen nach **3.7 km** die liebevoll gepflegte Kneippanlage von Losheim **(4)**. Die weitläufige Anlage bietet nicht nur ein Tretbecken und ein Armbecken, sondern auch noch zahlreiche Bänke, einen kleinen Barfußpfad und sogar eine „Oase der Stille“. Ein Zwischenstopp zur entspannten Pause oder zur anregenden Kneippanwendung ist also ein absolutes „Muss“.

Erfrischt stellen wir uns nach dieser Rast dem letzten Wegabschnitt. Dazu wandern wir zunächst rechts zum nahen Losheimer Bach und biegen sofort nach dessen Querung links auf einen Pfad ab. Der verläuft unmittelbar neben dem Wasser und gewährt uns schöne Einblicke in die anschließenden Feuchtwiesen. Schließlich endet der Pfad an einem Asphaltweg. Wir halten uns links, queren erneut den Bach und laufen zum nahen Wegweiser. Hier wenden wir dem Asphalt den Rücken zu und folgen rechts einem Naturpfad durch die Talaue. Wogendes, im Sommer gern hüfthohes Gras schließt sich eng an den Weg, und bald erreichen wir die ersten Gehölze.

Der Pfad windet sich durch den Uferwald, immer wieder helfen Baumscheiben und Stege über nasse Stellen, die so nah am See nicht ausbleiben können. Schließlich blinkt neben uns erstmals das Wasser des Stausees. Unser grandioser Pfad verläuft nun unmittelbar am Ufer des Stausees, und bald schon bietet eine Sinnesbank (5) Gelegenheit, dieses Idyll entspannt zu genießen.

Nach **4.8 km** trifft der Uferpfad auf die Uferpromenade, deren parkähnliches Szenario einen deutlichen Akzent zur bisherigen Naturlandschaft setzt. Nachdem wir den Zugang zum Campingplatz passiert haben, dürfen wir noch einmal zurück in den Wald. Auf urigem Naturpfad erobern wir erneut den rauschenden Nadelwald und meistern dabei auch diese letzte Steigung.

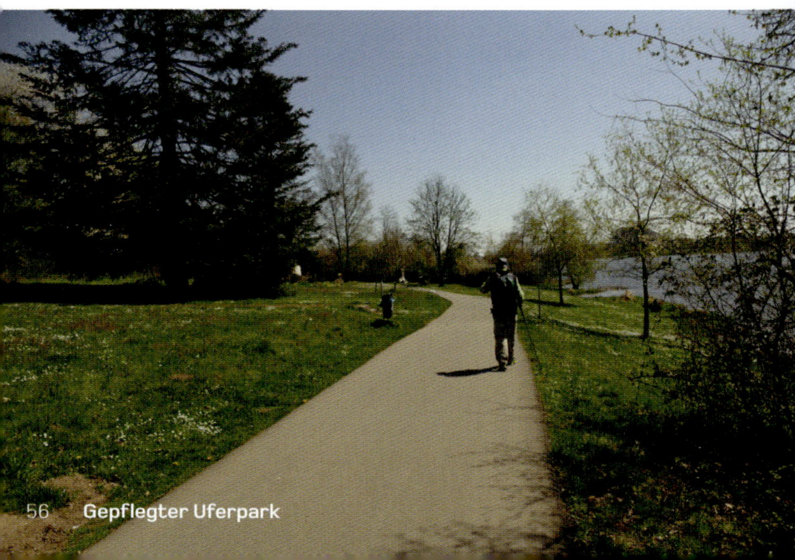

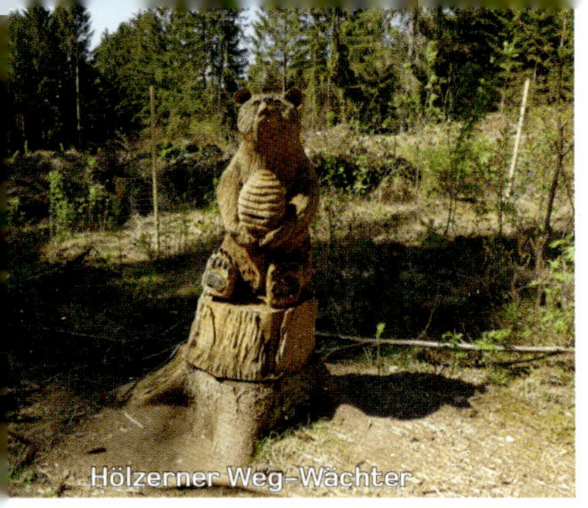
Hölzerner Weg-Wächter

Oben angelangt, freuen wir uns über zwei Bänke, die zur Rast im duftenden Nadelwald bereitstehen. Wenig später stoßen wir auf die Finnbahn und folgen dieser rechts abwärts. Schon bald wechseln wir wieder auf einen Pfad, queren einen Forstweg und ein vom Sturm gebeuteltes Areal. Kaum sind wir wieder im intakten Wald angelangt, bietet eine weitere Sinnesbank (6) einen schönen Blick zum See und zum Seegarten. Nach kurzer Rast folgen wir unserem Pfad mit einigen Windungen talwärts und treffen schließlich nach **6 km** wieder am Portal der Garten-Wellness-Runde ein (1), die uns tatsächlich sehr kurzweilig und genussvoll perfekte Entspannung in der Natur beschert hat.

Wer möchte, kann nun noch im Seegarten-Bistro oder bei einem der angrenzenden Gastgeber die Wanderung genussvoll ausklingen lassen.

FAZIT

Die Garten-Wellness-Runde verlangt normale Kondition. Sie nutzt neben einigen breiten Wegen oft auch Naturwege und Pfade. Festes Schuhwerk ist daher grundsätzlich empfehlenswert. Nach starkem Regen können Teilabschnitte etwas rutschig und matschig sein.

Schlüsselstellen: Die Garten-Wellness-Runde weist am Ende einen Anstieg durch den Nadelwald auf, der auf etwas holprigem Pfad mäßig steil bergan führt. Wem diese Pfadstrecke zu herausfordernd ist, kann auch auf dem (ebenfalls ansteigenden) Asphaltweg zum Gartenbistro und Wegportal laufen.

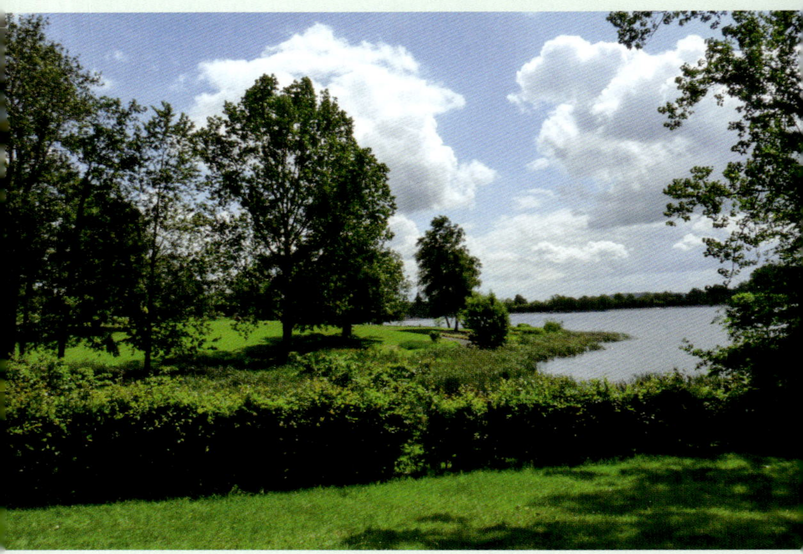

Gartenidyll am See

Direkt am Ufer des idyllischen Stausees lockt der „Park der Vierjahreszeiten" zum Flanieren, Entdecken, Entspannen und Genießen.

Das Hauptaugenmerk des Gartenparks liegt auf den Jahreszeiten. Das Wechselspiel von Stauden, Büschen, Bäumen und Gräsern verdeutlicht die jahreszeitlichen Veränderungen in der Natur und setzt besondere Akzente. Offene Wiesenflächen erfreuen mal mit Krokussen, mal mit Herbstzeitlosen und laden auch zum Verweilen ein. Um die Gegebenheiten des Areals optimal zur Gartengestaltung auszunutzen, wurden thematisch bepflanzte Terrassen angelegt. Neben den gartenarchitektonischen Ideen sorgen ein naturnaher Bachlauf, jede Menge Ruheplätze, der Douglasienhain und der Ufergarten für einen erlebnisreichen Besuch.
www.gaerten-ohne-grenzen.de

Projektbüro Saar-Hunsrück-Steig, Zum Stausee 198, 66679 Losheim am See, www.saar-hunsrueck-steig.de 06872/9018100

Restaurant Wanderstube Maison au Lac, Zum Stausee, 66679 Losheim am See, 06872/993434, www.maison-au-lac.de
- *Hochwälder Brauhaus, Zum Stausee 190, 66679 Losheim am See, 06872/505772, www.hochwaelder-brauhaus.de*

Restaurant Seehotel Losheim, Zum Stausee 202, 66670 Losheim am See, www.seehotel-losheim.de 06872/60080,
- *Hochwälder Wohlfühlhotel, Zum Stausee 192, 66679 Losheim am See, 06872/96920, www.hochwaelder-wohlfuehlhotel.de*

Campingplatz Familie Harth, Zum Stausee, 66679 Losheim am See, 06872/4770, Übernachtung auch in einfachen Holzhäusern möglich
- *Wohnmobilstellplatz auf dem Parkplatz des Stausees, Zum Stausee, 66679 Losheim am See, Informationen im Projektbüro, 06872/9018100*

Von Merzig erreicht man Losheim mit der Buslinie R1. www.saarvv.de

Taxi Minninger, Hochwaldstraße 68, 66679 Losheim am See, 06872/993636

Die Wegstrecke weist keine unüberwindbaren Hindernisse für Hunde auf. Unterwegs gibt es an den Bächen Zugang zum Wasser.

Premium-Wanderwege in der Nähe:
- *Saar-Hunsrück-Steig, Länge:* **406 km**
- *Traumschleife Der Hochwälder, Losheim am See, Länge:* **9.4 km**
- *Traumschleife Stausee Tafeltour, Losheim am See, Länge:* **10 km**
- *Traumschleifchen Sonnenrunde, Losheim am See, Länge:* **4.6 km**

6 Sonnenrunde

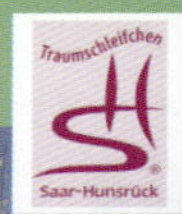

Einfach entschleunigen

4.6	1h 30min	64	355	296 348	SWP2X6X7
km					

Start/Ziel: Parkplatz am Stausee Losheim

Anfahrt: Losheim am See ist gut über die B 268 zu erreichen.

Parken: Parkplatz Stausee Losheim (gebührenpflichtig)

N49° 31' 14.5'' • E6° 44' 25.6''

Wegpunkte:

P1 Start am Parkplatz
32 U 336453 5487771

P2 Tripelpunkt
32 U 336652 5487885

P3 Rastplatz
32 U 337129 5488238

P4 Sinnesbank & Talblick
32 U 336549 5488861

P5 Sinnesbank am Saar-Hunsrück-Steig
32 U 336633 5488217

scan to go®

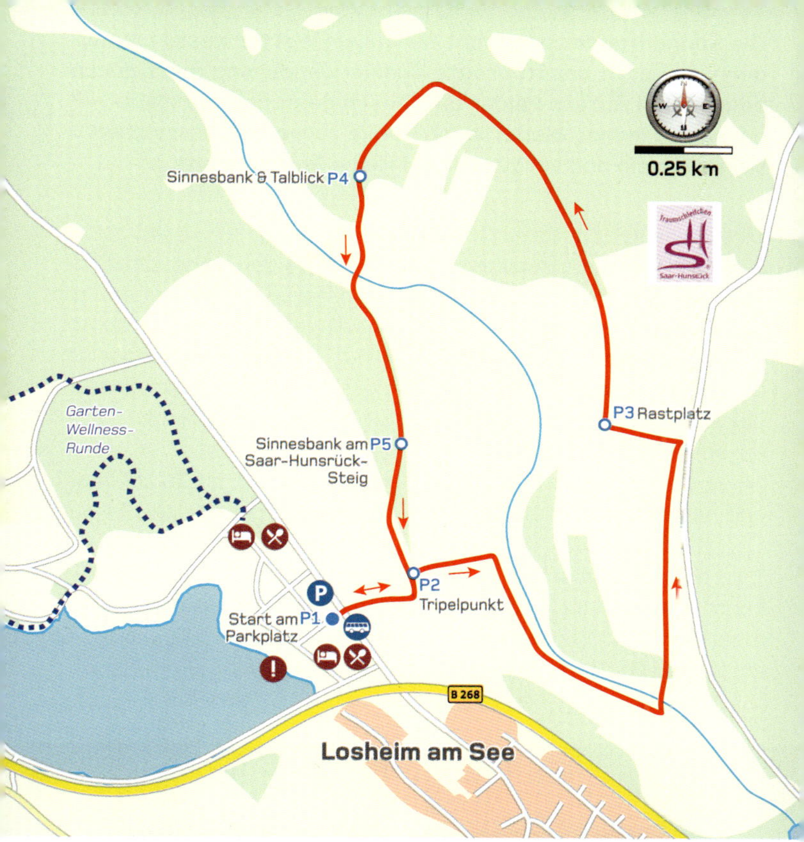

Sinnesbank & Talblick P4

0.25 km

Garten-
Wellness-
Runde

P3 Rastplatz

Sinnesbank am P5
Saar-Hunsrück-
Steig

P2
Tripelpunkt

Start am P1
Parkplatz

B 268

Losheim am See

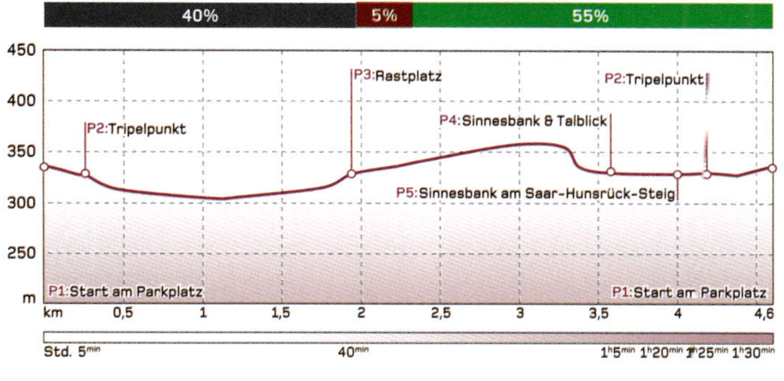

Die Sonnenrunde verspricht bei gutem Wetter beste Laune, denn die kurze, unaufgeregte Spazierwanderung führt durch sonnenüberflutete Felder und lauschige, schattige Waldpassagen. Immer wieder laden Bänke zum aussichtsreichen Verweilen ein und sorgen für herrliche Entspannung.

Direkt vor der Tourist-Information am Stausee Losheim (1) beginnen wir die kleine, entspannte Tour auf dem Traumschleifchen Sonnenrunde. Wir laufen über den Parkplatz zur Straße und queren sie aufmerksam. Dann geht es zwischen Wohnmobilstellplatz und Feldern sanft bergab.

Bald biegt der geschotterte Feldweg nach links, und wir erreichen nach nur **0.3 km** am Waldrand den Tripelpunkt (2) der Runde: Hier beginnt der eigentliche Rundkurs, den wir gegen den Uhrzeigersinn absolvieren. Daher wenden wir uns an der Bank beim Holzkreuz rechts einem befestigten Feldweg zu, der uns weiter talwärts bringt.

Kurz bevor wir die Talsohle erreichen, biegen wir rechts auf einen federnden Grasweg ab. Der führt uns mitten durch das breite, offene Wiesental, in dessen Mitte fast unbemerkt der kleine Bährensbruchbach plätschert.

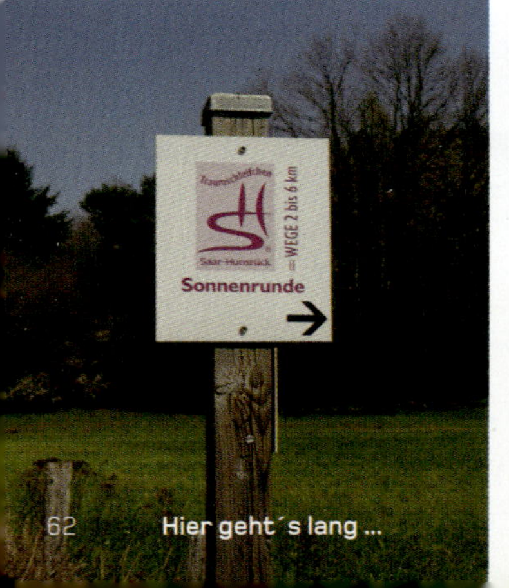

Hier geht´s lang ...

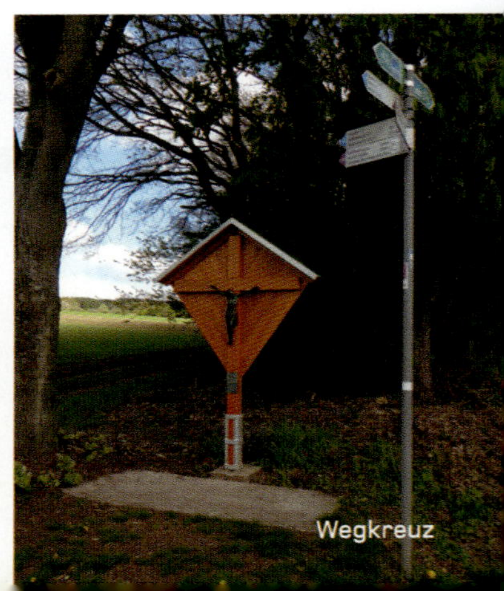

Wegkreuz

Nach **1.1 km** stoßen wir auf einen Querweg und wenden uns nach links. Einen kurz danach rechts abzweigenden Weg ignorieren wir und wandern stattdessen geradeaus durch ein kleines Waldareal. Bald sind es aber Gehölze aus Schlehen und Weißdorn, die unser Wegumfeld prägen und in deren Ästen zur Blüte im Frühling emsiges Summen herrscht.

Sehr gemächlich steigt unser Traumschleifchen an, führt uns entlang der Hecken schließlich in die offene Flur. Dort biegen wir nach **1.7 km** links auf einen Feldweg ab. Der schwingt sich sanft zu einem Bergrücken hinauf. Oben angekommen, empfängt uns ein einladender Rastplatz **(3)**. Gerne nehmen wir die Gelegenheit zur Pause wahr und genießen den schönen Blick über die Felder Richtung See.

Was folgt, ist Genusswandern par excellence: Ein bequemer Feldweg führt uns vorbei an Streuobstbäumen und Feldern Richtung Waldrand. Dabei können wir den Blick umherschweifen lassen und, wenn der Wettergott gnädig ist, die Sonne genießen. Rasch treffen wir aber am Wald ein und tauchen ins schattige Grün. Abwechslungsreich gestaltet sich die Vegetation, duftende Nadelbäume sorgen für eine entspannte Atmo-

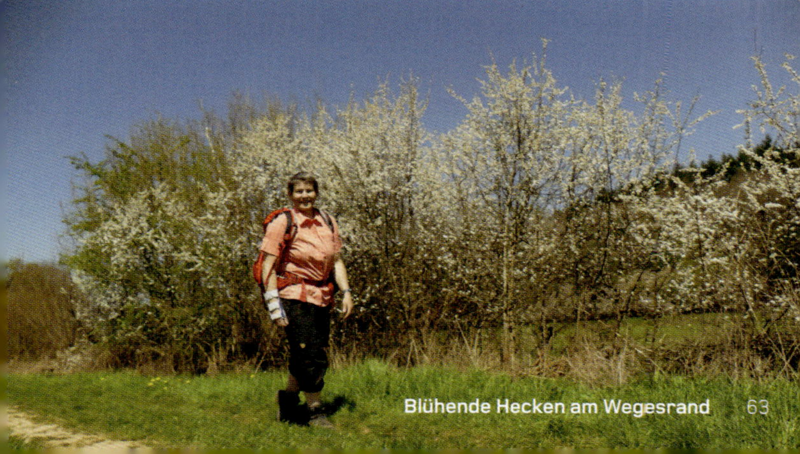

Blühende Hecken am Wegesrand

sphäre, und unter den Sohlen federt der Waldboden.

Schließlich öffnet sich linker Hand eine Wiese, und wenig später stehen wir an einem Querweg. Ein Wegweiser schickt uns links auf den befestigten Forstweg, und wir dürfen zunächst noch an der Waldwiese entlangwandern. Dann folgt ein kurzer Laubwaldriegel, bevor sich erneut zu unserer Linken der Wald öffnet und wir am Rand einer Jungpflanzung eine Sinnesbank erspähen. Nichts wie hin, denn die Bank **(4)** bietet nach **3.2 km** einen tollen Panoramablick über die Felder.

Nach ausgiebiger Pause folgen wir dem bequemen Weg sanft hinab ins Tal, wo wir in einer Senke noch einmal den Langenbruchbach queren. Sehr sanft steigt das Traumschleifchen nun an und bietet weiter schöne Blicke auf die offene Flur. Dann rückt auf der rechten Seite der Wald an den Wegesrand.

Nach **4 km** erreichen wir den letzten Höhepunkt der Runde: Eine weitere Sinnesbank **(5)**

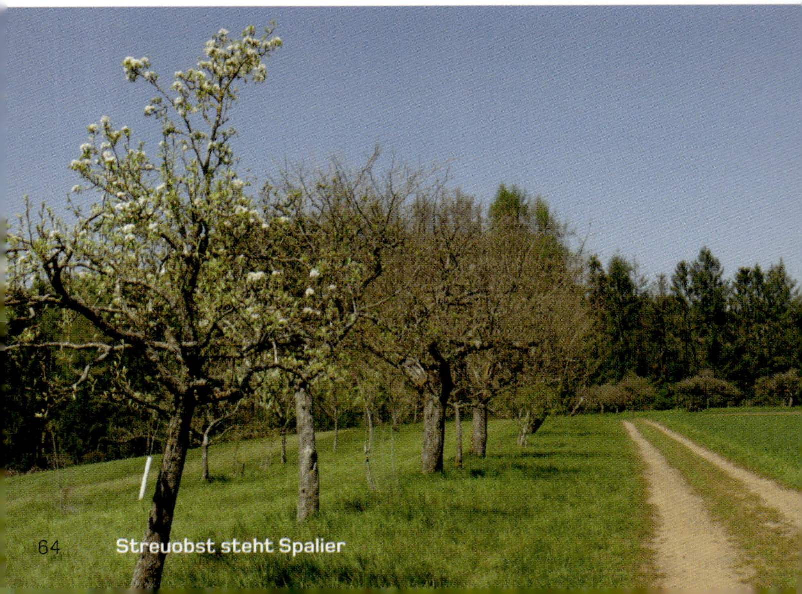

Streuobst steht Spalier

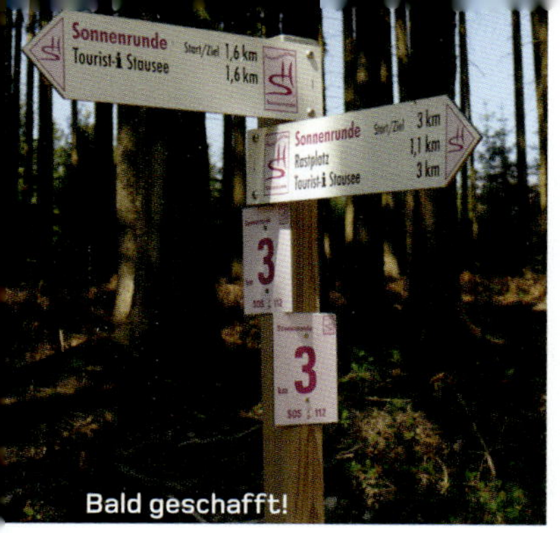

Bald geschafft!

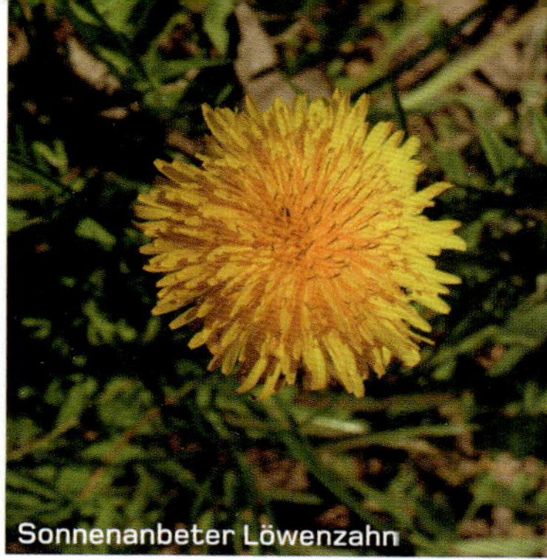
Sonnenanbeter Löwenzahn

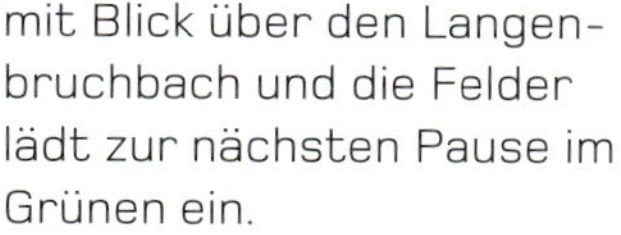

mit Blick über den Langenbruchbach und die Felder lädt zur nächsten Pause im Grünen ein.

An dieser Stelle gesellt sich der Saar-Hunsrück-Steig zu uns, und gemeinsam laufen wir von der Bank auf urigem Pfad durch das kleine Wäldchen. Lange dauert diese Passage aber nicht, dann haben wir den Rand der Felder erreicht und biegen links ab.

Auf grasigem Feldweg wandern wir entlang der Gehölze und treffen nach **4.3 km** wieder am Tripelpunkt (2) der Tour ein.

Nun kennen wir den Rückweg: Wir laufen rechts auf dem Schotterweg hinauf zum Wohnmobilparkplatz, queren die Straße und beenden diese kleine, aber feine Rundwanderung nach **4.6 km** wieder vor der Tourist-Information (1).

FAZIT

Die Sonnenrunde verlangt normale Kondition. Sie nutzt neben einigen breiten Wegen oft auch Naturwege und Pfade. Festes Schuhwerk ist daher grundsätzlich empfehlenswert.

Schlüsselstellen: Der Weg weist keine besonders herausfordernden Passagen auf.

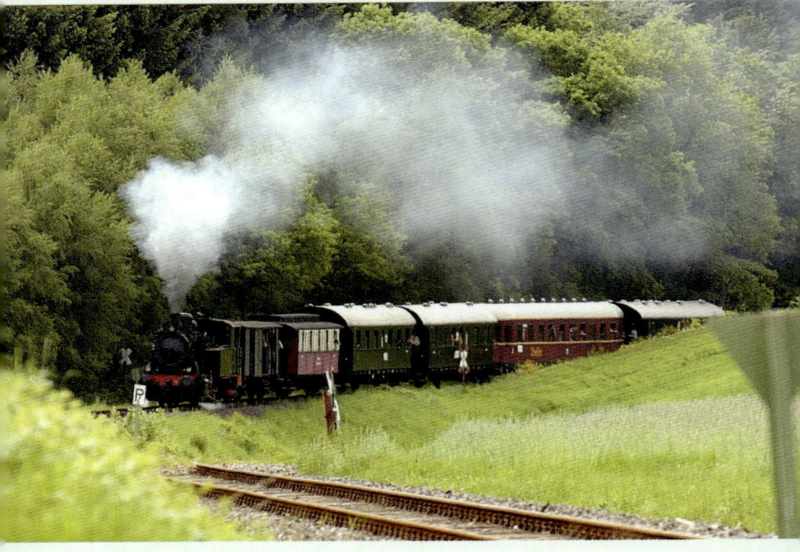

Nostalige auf Gleisen

Schwimmen, Tretbootfahren, Minigolf und Beachvolleyball, der Stausee Losheim bietet viele Möglichkeiten. @ www.losheim-stausee.de

Das Eisenbahnmuseum Losheim hat auf dem ehemaligen Gelände der Merzig-Büschfelder Eisenbahn ein stilechtes Domizil gefunden. Neben einer Ausstellung mit Fotos, Dokumenten und Exponaten zur saarländischen Eisenbahngeschichte können auch verschiedene informative Filme angeschaut werden. Im Freigelände warten Dampfloks, Dieselloks und diverse Wagen darauf entdeckt zu werden. Angegliedert sind auch das Bahnpostmuseum und die Museumsbahn, die in den Sommermonaten Sonderfahrten zwischen Merzig und Losheim anbietet.Nähere Informationen: Bahnhof Losheim am See, geöffnet: April – Oktober: Di. & Do. 11-17 Uhr und im Juli & August an Betriebstagen der Museumsbahn @ www.losheim-stausee.de

Projektbüro Saar-Hunsrück-Steig, Zum Stausee 198, 66679 Losheim am See, www.saar-hunsrueck-steig.de 06872/9018100

Restaurant Wanderstube Maison au Lac, Zum Stausee, 66679 Losheim am See, 06872/993434, www.maison-au-lac.de
- Hochwälder Brauhaus, Zum Stausee 190, 66679 Losheim am See, 06872/505772, www.hochwaelder-brauhaus.de

Restaurant Seehotel Losheim, Zum Stausee 202, 66670 Losheim am See, www.seehotel-losheim.de 06872/60080,
- Hochwälder Wohlfühlhotel, Zum Stausee 192, 66679 Losheim am See, 06872/96920, www.hochwaelder-wohlfuehlhotel.de

Campingplatz Familie Harth, Zum Stausee, 66679 Losheim am See, 06872/4770, Übernachtung auch in einfachen Holzhäusern möglich
- Wohnmobilstellplatz auf dem Parkplatz des Stausees, Zum Stausee, 66679 Losheim am See, Informationen im Projektbüro, 06872/9018100

Von Merzig erreicht man Losheim mit der Buslinie R1. www.saarvv.de

Taxi Minninger, Hochwaldstraße 68, 66679 Losheim am See, 06872/993636

Die Wegstrecke weist keine unüberwindbaren Hindernisse für Hunde auf. Unterwegs gibt es keinen Zugang zum Wasser.

Premium-Wanderwege in der Nähe:

- Saar-Hunsrück-Steig, Länge: **406 km**
- Traumschleife Der Hochwälder, Losheim am See, Länge: **9.4 km**
- Traumschleife Stausee Tafeltour, Losheim am See, Länge: **10 km**
- Traumschleifchen Garten-Wellness-Runde, Losheim am See, Länge: **6 km**

7 Bardenbacher Fels

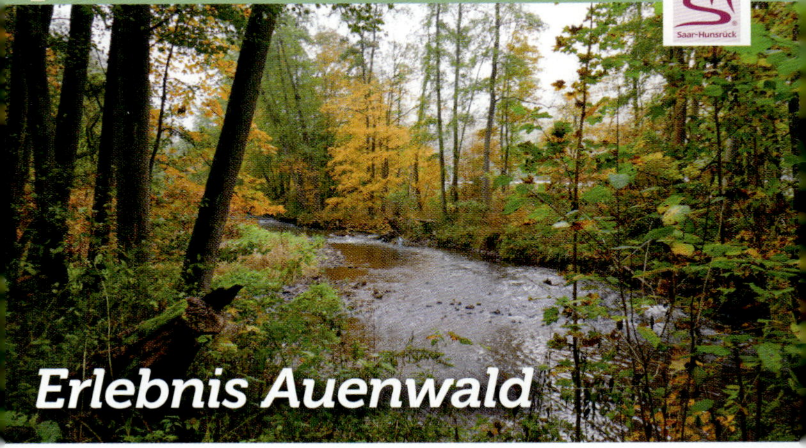

Traumschleifchen Saar-Hunsrück

Erlebnis Auenwald

3.2	1h	92	337	231 271	
km	(Dauer)	↑ ↓	(höchster Punkt)	♀ ♂	SWP2X7X6

Start/Ziel: Parkplatz am Ortsrand Bardenbach (Nähe Sportplatz)

Anfahrt: Von Losheim B 268 nach Nunkirchen. Weiter auf L 148 nach Biel. In der Ortsmitte rechts Richtung Bardenbach abbiegen. In Bardenbach über die Wadener Straße und Zum Fels zum Parkplatz.

scan to go®

Parken: Ortsrand Bardenbach
N49° 30' 37.5'' • E6° 52' 35.2''

Wegpunkte:

P1 Parkplatz
32 U 346257 5486350

P2 An der Prims
32 U 346745 5487232

P3 Wendepunkt
32 U 346809 5487675

P4 Bank & Aussicht
32 U 346663 5487400

P5 Rastplatz
32 U 346668 5487220

P6 Sinnesbank
32 U 346463 5486694

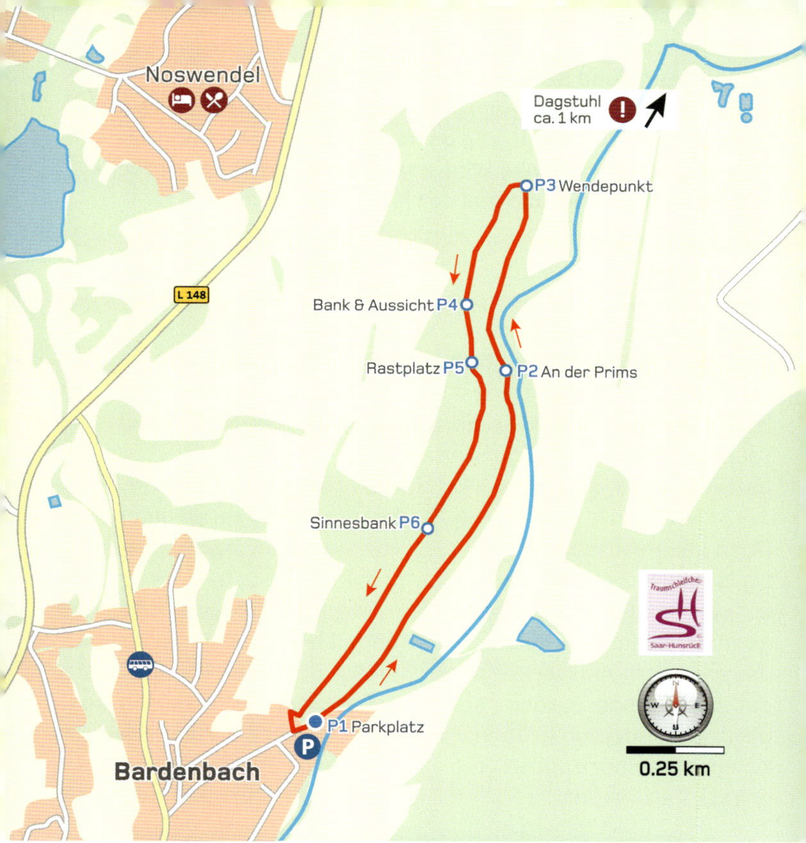

Noswendel

Dagstuhl
ca. 1 km

P3 Wendepunkt

L 148

Bank & Aussicht P4

Rastplatz P5

P2 An der Prims

Sinnesbank P6

Traumschleifchen
Saar-Hunsrück

P1 Parkplatz

Bardenbach

0.25 km

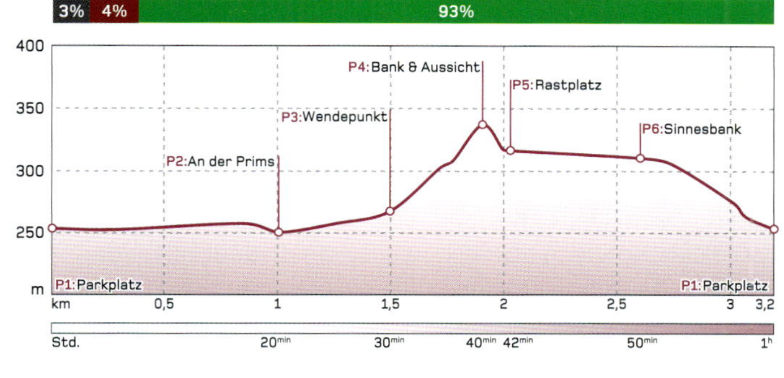

Auf dem Traumschleifchen Bardenbacher Fels stehen Entschleunigung und Naturgenuss im Vordergrund. Auf der ersten Hälfte werden wir zu Grenzgängern zwischen Fels und Wasser und streifen pfadig durch den Auenwald. Nach Eroberung der Bergflanke können wir dann von oben herrliche Ausblicke genießen und mal so richtig abschalten.

Wir beginnen unsere Entspannungsrunde am Parkplatz bei der Primsbrücke (1) am Ortsrand von Bardenbach. Da wir erst am Waser entlanglaufen wollen, werden wir die Tour gegen den Uhrzeigersinn absolvieren.

Doch bevor wir so richtig loslegen, zieht die hoch aufragende Felswand direkt gegenüber dem Parkplatz unsere ganze Aufmerksamkeit auf sich. Beeindruckend ragt der rotbraune, von groben Konglomerathorizonten geprägte Fels empor.

Eine Tafel neben dem Rastplatz erläutert, dass wir uns im Naturschutzgebiet Bardenbacher Fels befinden, welches bereits seit 1969 unter Schutz steht. Schutzwürdig sind dabei keineswegs nur die Felsen, sondern auch der artenreiche Auenwald der Prims, durch den wir nun als erstes wandern. So lassen wir Felswand und Rastplatz zurück und folgen den markanten Logos auf einen Naturweg zwischen Fels und Prims.

Bald rückt der Wald nah an unseren Weg heran und sorgt für eine dschungelartige Atmosphäre. Noch hält sich die Prims als Protagonist zurück und überlässt den Felsen die große Bühne. Steil und hoch erhebt sich die Felswand links neben unserem Wanderweg, Lianen der Waldrebe und des Efeus hängen herab und schwingen leicht in der Luft.

Mit jedem Schritt, mit dem wir uns vom Start entfernen, rücken Stress und Hektik in den Hintergrund, und unsere Sinne öffnen sich für die Natur. Vogelgezwitscher und nun auch immer deutlicher das leise Rauschen des Wassers

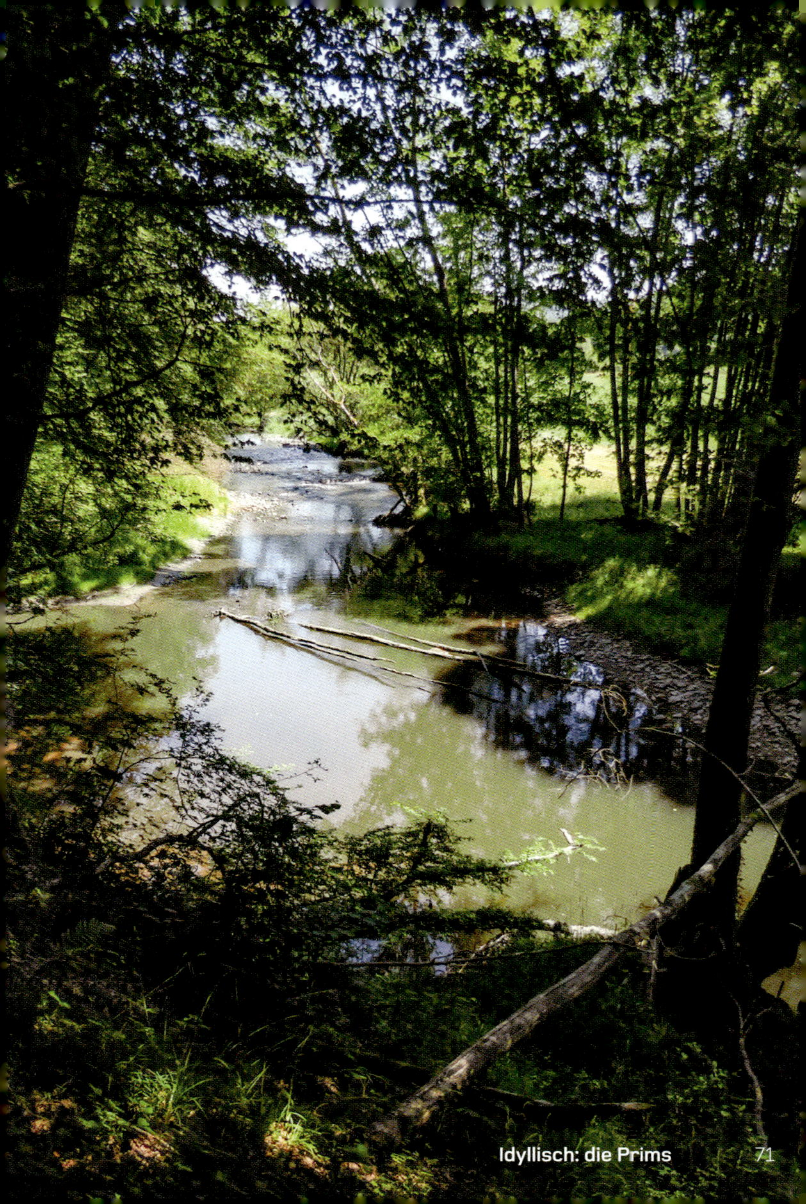

Idyllisch: die Prims

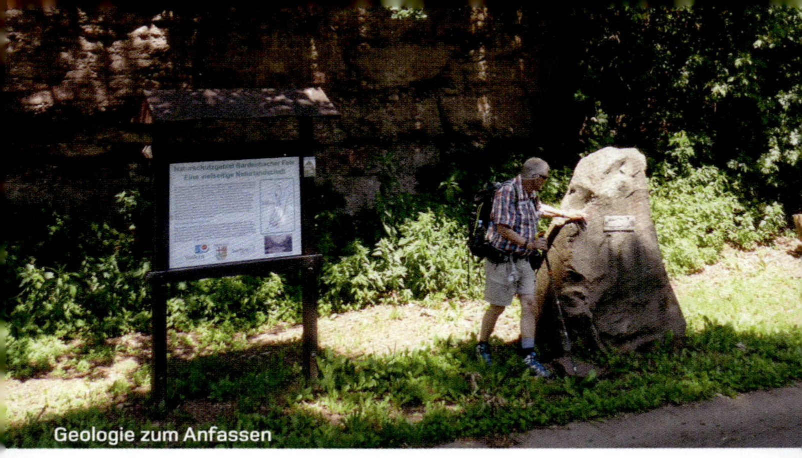
Geologie zum Anfassen

kommen uns laut vor, ebenso das Knirschen des anfangs noch etwas steinigen Untergrunds.

Dann verengt sich unser Weg zusehends und nimmt einen pfadigen Charakter an. Zuerst nur mit kleinen Durchblicken, doch dann als steter Begleiter übernimmt die Prims die Hauptrolle. Munter rauscht das Flüsschen neben uns und erfreut uns mit tollen Mäandern und kiesigen Uferabschnitten, auf denen sich im Sommer Vögel und Insekten einfinden, um Wasser zu trinken. Nach **1 km** führt unser Pfad unmittelbar an einem besonders großen Kiesstrand (2) entlang und gibt uns direkte Einblicke in den wertvollen Lebensraum.

Begeistert vom Auenwald und dem Wechselspiel von Wald, Wasser und Fels folgen wir mit munterem Auf und Ab dem Uferlauf der Prims. Die sollte man aber bei aller Idylle nicht unterschätzen, denn nach Unwettern und heftigen Niederschlägen steigt das Wasser und macht den Pfad manchmal sogar unpassierbar.

Allmählich gewinnen wir Abstand zum Wasser und auch einige Höhenmeter. Nach **1.5 km** stehen wir am Wen-

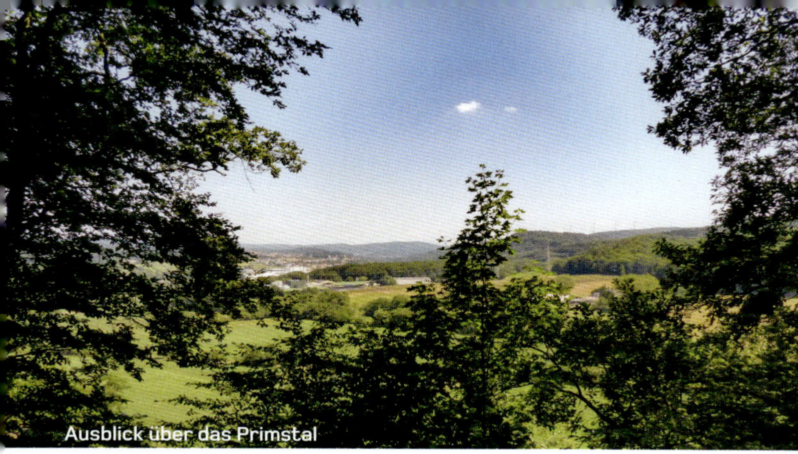
Ausblick über das Primstal

depunkt (3) unseres Traumschleifchens. Ein Wegweiser schickt uns scharf nach links bergan. Geradeaus hat man über einen Zuweg die Möglichkeit, ins etwa 1 km entfernte Noswendel zu gelangen.

Wir aber nehmen Abschied von der Prims und beginnen den Anstieg auf den Bardenbacher Felsrücken. Der erfolgt weiterhin auf urigem Naturpfad, wird jedoch bald spürbar stramm und verlangt uns durchaus Kondition ab. Doch der Wald sorgt für Abwechslung, denn nach dem lauschigen Auenwald im Tal wandern wir nun durch hoch gewachsenen Laubmischwald, aus dem immer wieder alte Baumveteranen hervorstechen.

Schritt für Schritt erobern wir den Berg und sind erleichtert, als sich der Wegverlauf abflacht und wir auf dem Bergrücken ankommen. Der Pfad setzt sich nun fast eben fort, links neben uns fällt der Fels sehr steil ab. Daher sollten wir den Pfad nicht verlassen, um der gefährlichen Hangkante nicht zu nahe zu kommen. Zudem befinden wir uns auch noch immer im Naturschutzgebiet!

Dann reißt die Kulisse nach **1.8 km** auf, und an einem Aus-

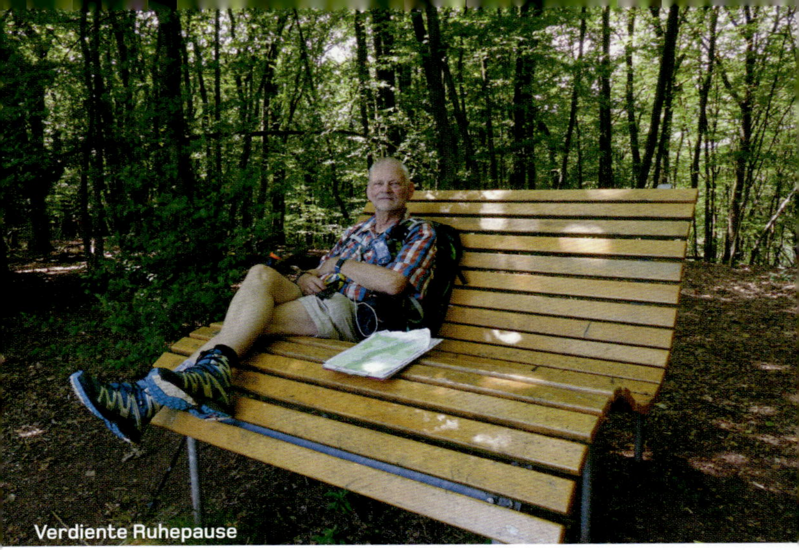
Verdiente Ruhepause

sichtspunkt mit Panoramatafel steht wohlplatziert eine Bank (4) zum Ausruhen und Ausschauen bereit.

Nach kurzer Pause setzen wir die Wanderung auf dem Pfad nahe der Hangkante fort und erhaschen dabei ab und an einen Blick ins Tal oder auf die noch immer beeindruckende Felswand unter uns.

An einer Kreuzung schickt uns der Wegweiser zunächst noch geradeaus, doch bevor wir weiter laufen, bietet eine überdachte Rastplatzinsel (5) Gelegenheit zum Picknick im Grünen. Nur 10 m nach dem Rastplatz müssen wir aufmerksam sein, denn nun schicken uns die Logos links auf einen Waldpfad. Im Herbst, wenn das Laub frisch auf den Pfad gefallen ist, ist dieser gar nicht so einfach zu erkennen – doch dafür kann man dann nach Herzenslust mit den Füßen im Laub rascheln.

Der Pfad schlängelt sich durch die Bäume und folgt dabei mit etwas Abstand noch immer der Hangkante. Allmählich senkt sich der Weg

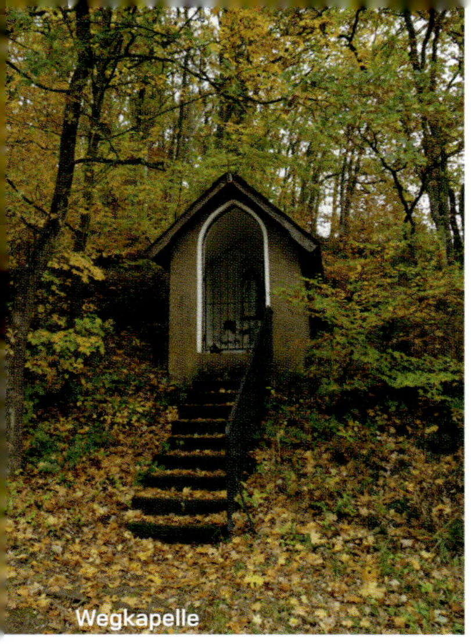

Bestens erholt und entschleunigt, setzen wir nach dieser willkommenen Erholung den Abstieg ins Tal fort. Nach einem markanten Rechtsknick wird der Pfad durchaus steil, und v.a. bei Nässe ist gute Trittsicherheit wichtig.

Doch wir meistern auch diese Passage gut und erreichen den Waldrand. Hier wenden wir uns links einem Feldweg zu, der uns zu einer kleinen Kapelle und an den Ortsrand von Bardenbach bringt.

talwärts, doch noch einmal gibt es eine tolle Rastmöglichkeit: Nach **2.6 km** lädt eine Sinnesbank (6) zur Pause und bietet dabei zusätzlich einen Blick ins Primstal.

Wir treffen auf die Zufahrt zum Parkplatz, biegen links ab und stehen nach **3.8 km** wieder am Ausgangspunkt (1) dieser kurzen, aber sehr abwechslungsreichen Runde.

FAZIT

Die Tour weist einen längeren, teils etwas strammen Anstieg und einen steilen Abstieg auf. Mit normaler Kondition und Trittsicherheit ist sie aber gut zu bewältigen. Wegen des hohen Naturweganteils sind feste Schuhe sinnvoll.

Schlüsselstellen: Es gibt keine besonders schwierigen Schlüsselstellen. Einige Pfadpassagen benötigen v.a. bei Nässe gute Trittsicherheit. Nach dem Aufstieg sollte man gebührenden Abstand zur Steilkante halten.

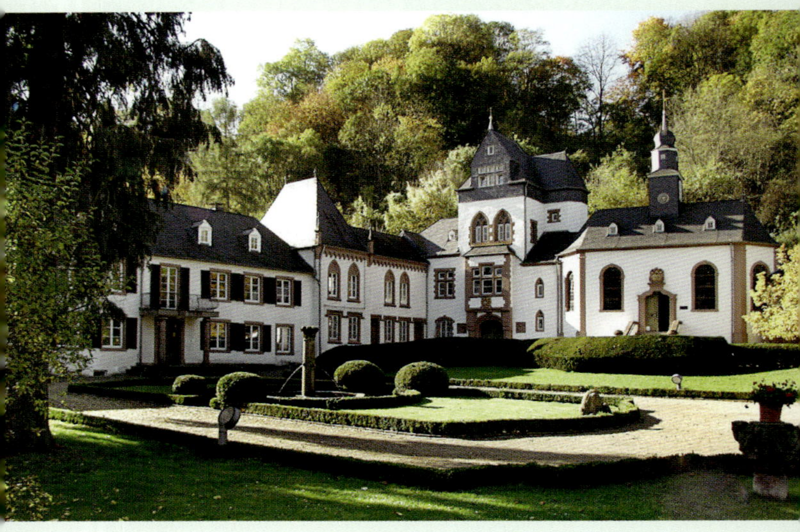

Gartenidyll und Schlossatmosphäre

Dagstuhl präsentiert sich mit der Burgruine, dem Schloss und dem Schlossgarten als lohnendes Ausflugsziel. Perfekt verbunden sind die drei Attraktionen im Geschichtspark, der die gut 800-jährige Stadtgeschichte rund um Burg und Schloss zu einem Erlebnis werden lässt. Über kurzweilige Wanderwege gelangt man nach dem Rundgang durch den Schlossgarten vom stattlichen Schloss zur nahen Burgruine. Burg Dagstuhl wurde im späten 13. Jhd. zur Sicherung der Besitzungen des Erzbischofs von Trier in Auftrag gegeben. Durch umsichtige Rekonstruktionen ist es gelungen, eine recht authentische Restaurierung voranzutreiben. Wer nicht auf eigene Faust eine Entdeckungstour durch die alten Gemäuer unternehmen möchte, der kann sich auf Erlebnisführungen von der Magd „Marie von Mettnich" oder von „Ritter Boemund" persönlich führen lassen. Nähere Informationen: Tourist-Info der Stadt Wadern, Marktplatz 13,66687 Wadern 06871/5070 www.burgdagstuhl.de

Tourist-Info Wadern, Marktplatz 13, 66687 Wadern, ✆ 06871-5070, ⓦ www.wadern.de

Alte Mühle, Berggasthof, Deltestr. 37, 66687 Wadern-Noswendel, ✆ 06871/502238
- *Seeklause, Seestraße, 66687 Wadern-Noswendel, ✆ 06871/5244*
- *Gaststätte Zum Wiesengrund, Zum Pavillon 35, 66687 Wadern, ✆ 06871/920592*

Hotel-Restaurant Zum Schlossberg, Nunkircherstraße 2, 66687 Wadern-Büschfeld, ✆ 06874/18180

Stellplatz am Noswendeler See, Seestraße, 66687 Wadern-Noswendel, 5 Plätze
- *Reisemobilstellplatz, Herbert Klein Halle, Franz-Haas-Straße, 66687 Wadern, 10 Plätze mit Ver-/& Entsorgung*
- *Stellplatz Nunkirchen, Zum Wiesental, 66687 Wadern-Nunkirchen, 5 Plätze*
- *Infos zu Stellplätzen: Tourist-Info Wadern ✆ 06871-5070*

Von Wadern Busbahnhof aus gelangt man mit der Buslinie R3 zur Haltestelle Bardenbach-Kirche. Weitere Informationen unter: ⓦ www.saarfahrplan.de

Taxi Martin, Christianenberg 1, 66687 Wadern, ✆ 06871-2284, ⓦ www.taximartin.de
- *Hochwälder Fahrservice, In der Schleid 11, 66687 Wadern, ✆ 06871-5020009*

Hunde können den Weg problemlos absolvieren, sollten aber an der Leine geführt werden (NSG!). An einer Stelle gibt es einen guten Zugang zur Prims.

Premium-Wanderwege in der Nähe:
- *Traumschleife Himmels Gääs Paad, Noswendel, Länge:* **7.6 km**
- *Traumschleife Weg des Wassers, Büschfeld, Länge:* **13.1 km**

8 Forsthofrunde

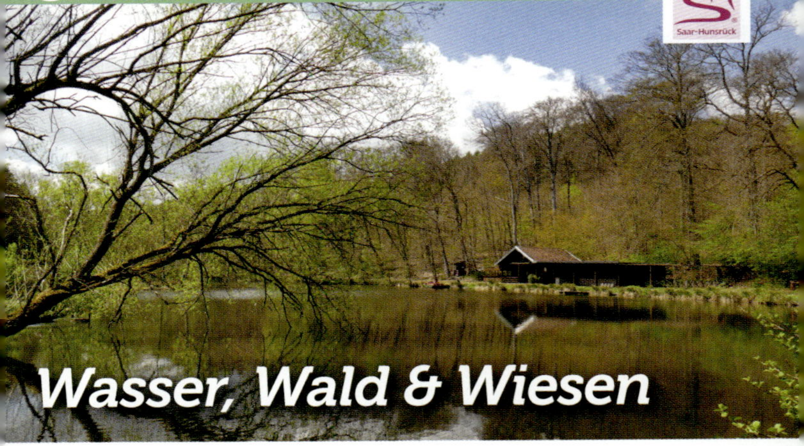

Traumschleifchen Saar-Hunsrück

Wasser, Wald & Wiesen

6.5 km	2h 15h	238 ↑ ↓	355	511 / 600	SWP2X8X5

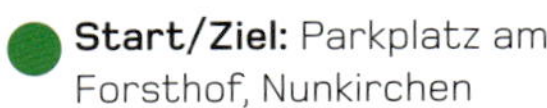

Start/Ziel: Parkplatz am Forsthof, Nunkirchen

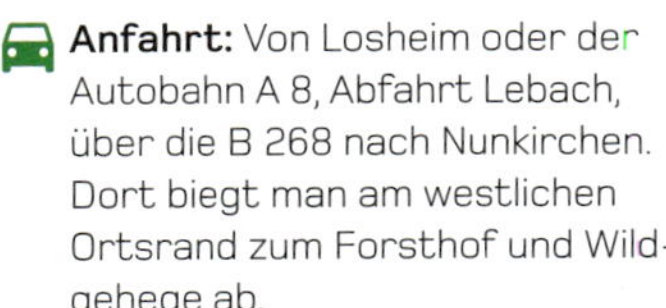

Anfahrt: Von Losheim oder der Autobahn A 8, Abfahrt Lebach, über die B 268 nach Nunkirchen. Dort biegt man am westlichen Ortsrand zum Forsthof und Wildgehege ab.

Parken: Parkplatz Forsthof
N49° 29' 17.9'' • E6° 49' 17.4''
Waldparkplatz
N49° 29' 11.6'' • E6° 48' 53.5''

Wegpunkte:

P1 Parkplatz beim Forsthof
32 U 342229 5484020

P2 Tripelpunkt am Portal
32 U 342242 5483854

P3 Ausblick Felswäldchen
32 U 342144 5483949

P4 Abzweig Wanderparkplatz
32 U 341753 5483996

P5 Ausblick Golfplatz
32 U 340834 5483123

P6 Golfplatz Restaurant
32 U 341598 5483037

P7 Verpflegungsautomat
32 U 342237 5483654

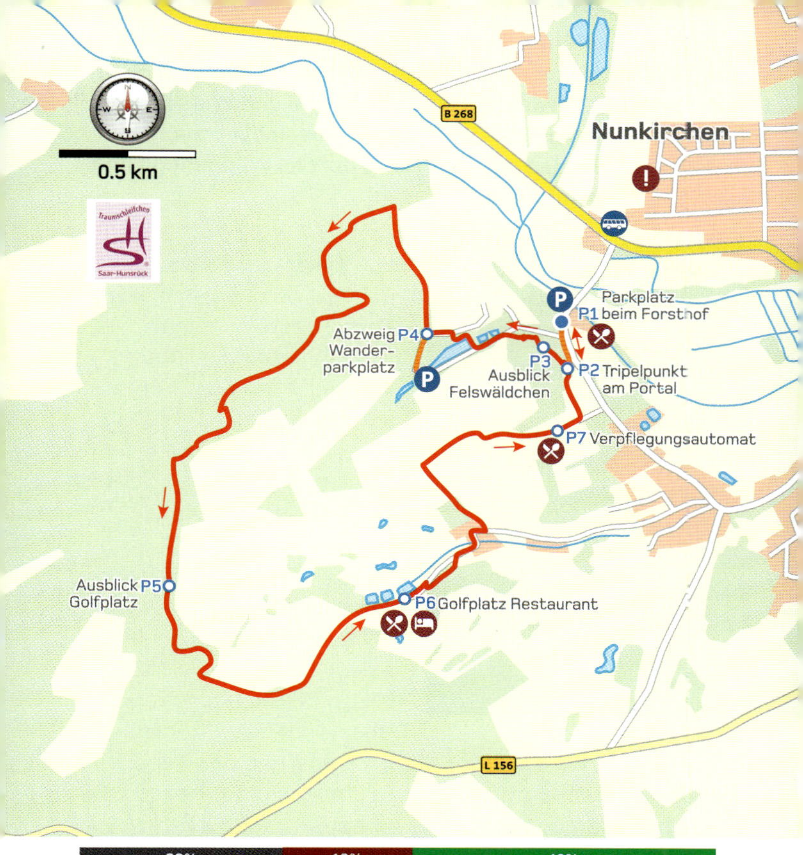

0.5 km
Traumschleifchen
Saar-Hunsrück
B 268
Nunkirchen
Parkplatz
P1 beim Forsthof
Abzweig P4
Wander-
parkplatz
P3
Ausblick
Felswäldchen
P2 Tripelpunkt
am Portal
P7 Verpflegungsautomat
Ausblick P5
Golfplatz
P6 Golfplatz Restaurant
L 156

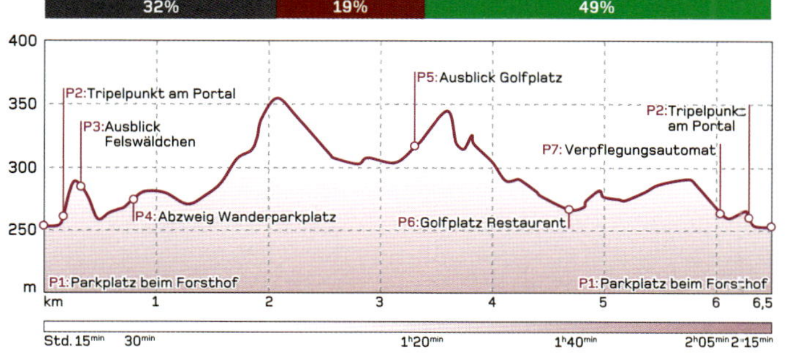
32%
19%
49%
400
350
300
250
m
P2: Tripelpunkt am Portal
P3: Ausblick
Felswäldchen
P4: Abzweig Wanderparkplatz
P5: Ausblick Golfplatz
P6: Golfplatz Restaurant
P7: Verpflegungsautomat
P2: Tripelpunkt
am Portal
P1: Parkplatz beim Forsthof
P1: Parkplatz beim Forsthof
km
1
2
3
4
5
6
6,5
Std. 15min
30min
1h20min
1h40min
2h05min
2h15min

Das Traumschleifchen Forsthofrunde beschert uns im Rahmen einer streckenweise durchaus sportlichen Kurzwanderung kleine Abenteuer zwischen Wald, Gehölzen und Wiesen. Herrlich lauschige Ruheplätze und schöne Aussichten auch über den Golfplatz werden mit dem Gang durchs Wildgehege und einer Schlusseinkehr gekrönt.

Prinzipiell kann man die Wanderung an zwei Parkplätzen beginnen: entweder beim Forsthof (dort bitte nur die als Wanderparkplätze gekennzeichneten Stellplätze nutzen, nicht die Kundenparkplätze) oder vom Waldparkplatz aus. Von beiden Parkplätzen führen kurze Zuwege zum Traumschleifchen. Wir beginnen die Wegbeschreibung am Forsthof, weisen aber auf die Zuwegung ab dem Waldparkplatz hin.

Direkt am Forsthof (1), der mit Hofladen und Restauration lockt, starten wir die Wanderung auf dem Traumschleifchen Forsthofrunde.

Zunächst folgen wir dem Zuweg entlang der Zufahrtsstraße und lassen den Abzweig des Weges zum Waldparkplatz unbeachtet. Nach 150 m Zuweg stehen wir am Fuß eines kleinen bewaldeten Berges, wo uns das hölzerne Portal des Traumschleifchens und eine Übersichtskarte willkommen heißen. Wir laufen den Pfad bergan zum Waldrand, wo wir am Tripelpunkt (2) der Runde auf den ersten Wegweiser stoßen.

Da wir gegen den Uhrzeigersinn laufen, biegen wir rechts ab und stellen uns sogleich einem strammen Anstieg. Bald hilft uns eine Holztreppe beim Überwinden des Höhenunterschiedes, und mit weiteren Stufen gelangen wir auf die Anhöhe.

Der Pfad flacht ab, und nach **0.4 km** erwartet uns die herrliche Aussicht Felswäldchen (3). Toll, dass es hier sowohl einen Rastplatz als auch eine der sehr bequemen, geschwungenen Sinnesbänke gibt und wir so den Blick

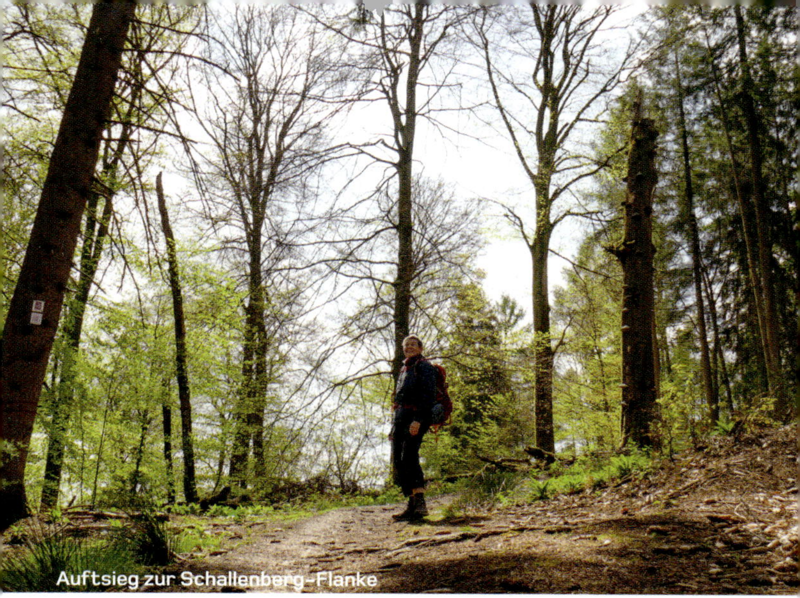

Auftsieg zur Schallenberg-Flanke

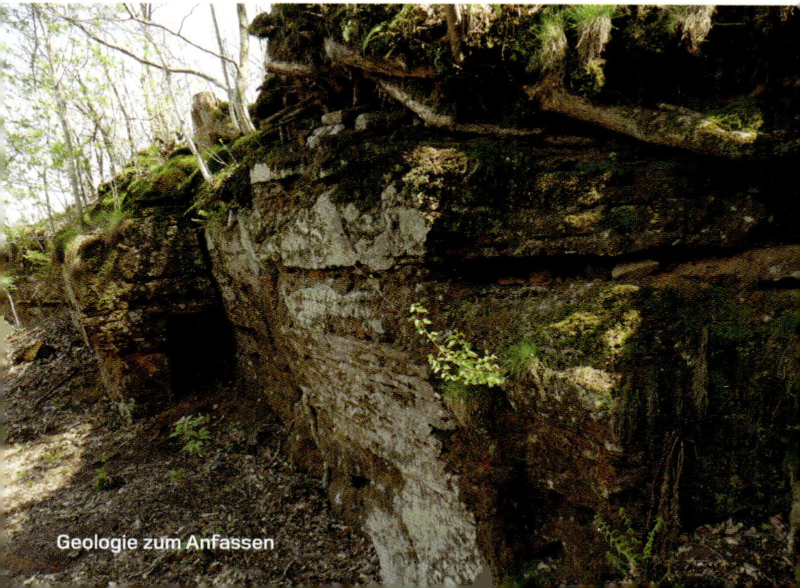

Geologie zum Anfassen

entspannt genießen können. Für Kurzweil sorgt auch eine erste Sagentafel, diesmal mit der Geschichte vom „Hannejuscht".

Gespannt, was uns der Weg nach diesem furiosen Auftakt noch bescheren wird, setzen wir die Tour fort und wandern auf dem leicht gewundenen Pfad über das Plateau. Bald senkt sich der Pfad ab und führt uns zu einer schroffen Felswand. Anschließend geht es, teils mit Stufen, wieder stramm talwärts, was besonders bei Nässe gute Trittsicherheit verlangt.

Der Pfad endet an der Zufahrt zum Waldparkplatz. Wir wenden uns nach links und freuen uns, als wir die Straße verlassen dürfen und rechts auf einen Pfad abbiegen. Der führt uns zu einem gepflegten Teich, an dessen Rand Sitzgelegenheiten zur Pause am idyllischen Wasser einladen. Doch uns zieht es weiter.

So nutzen wir den direkt vor der Hütte rechts abzweigenden Pfad, steigen per Treppe

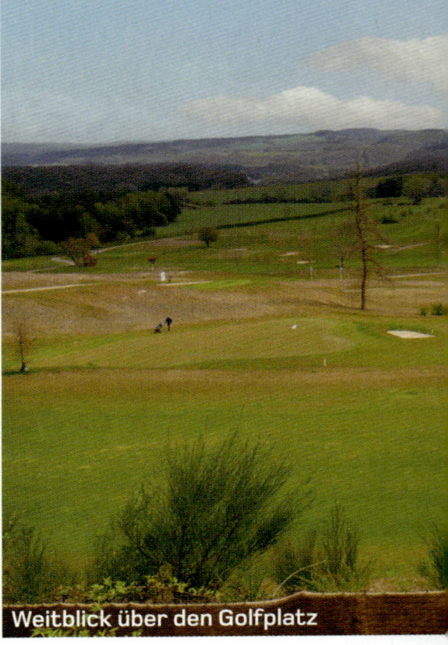

Weitblick über den Golfplatz

bergan und stoßen kurz darauf, nahe den Tennisplätzen, auf einen querenden Forstweg. Hier halten wir uns links, passieren den Parkplatz der Tennisplätze und folgen dem mittlerweile asphaltierten Weg um eine Linkskurve. Nach **0.8 km** gelangen wir so an eine Kreuzung mit Bank **(4)**. Hier biegen wir scharf rechts auf einen Waldweg ab.

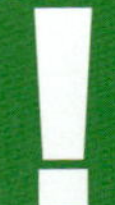

Wer am 250 m entfernten Waldparkplatz gestartet ist, kommt hier von links.

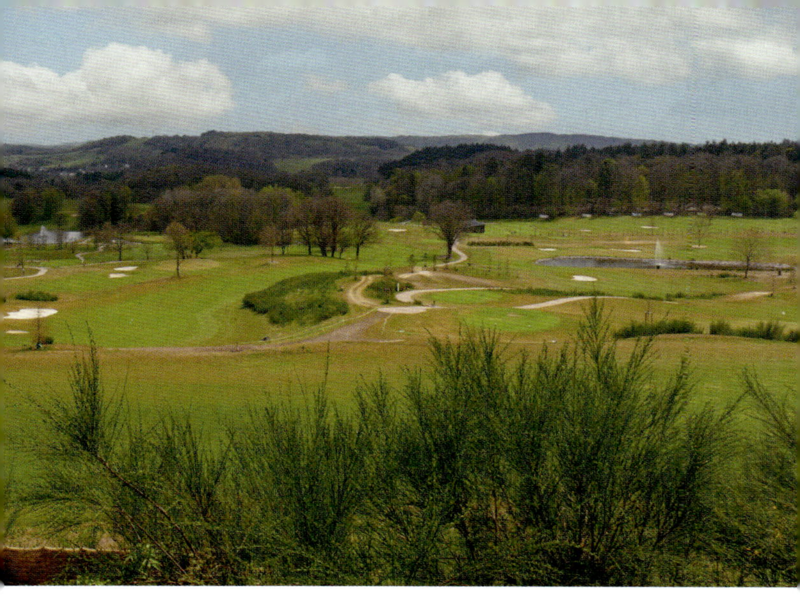

Gemeinsam mit der Traumschleife „Kleiner Lückner" wandern wir durch den lichten Laubmischwald und gelangen bald an den Waldrand. Nun können wir den Blick weit über die angrenzenden Weiden und Wiesen schweifen lassen.

Immer wieder ziehen alte Baumveteranen mit dick bemoosten Stämmen unsere Aufmerksamkeit auf sich, während wir sanft abwärts wandern. Schließlich stoßen wir auf einen befestigten Querweg. Wir wenden uns nach links, während die Traumschleife rechts abbiegt.

An der folgenden Kreuzung behalten wir die Richtung bei und treffen nach **1.4 km** an einem Rastplatz und der nächsten Sagentafel ein. Hier dürfen wir links auf einen sandigen Waldpfad wechseln. Anfangs windet sich der Pfad nur unmerklich bergan.

Doch schnell wird er deutlich herausfordernder und führt

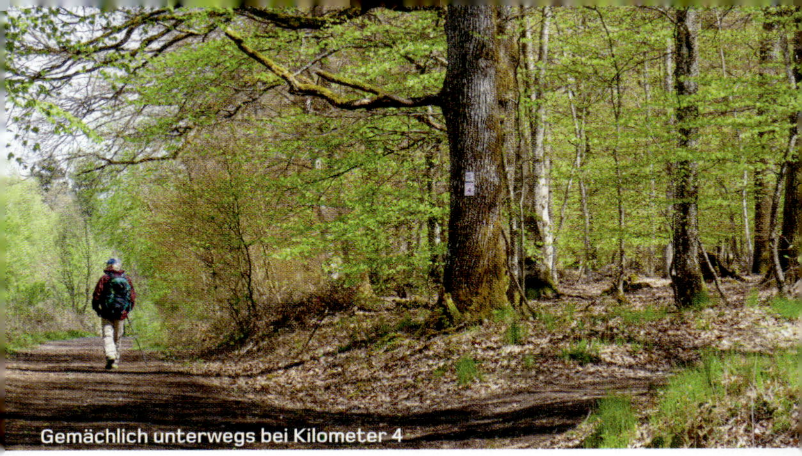
Gemächlich unterwegs bei Kilometer 4

uns streckenweise ziemlich steil durch den von Fichten dominierten Hochwald bergan. Einige Passagen auf dem sandigen Grund sind zudem ausgewaschen, und auch immer wieder quer laufende Wurzeln verlangen nicht nur bei Nässe sehr gute Trittsicherheit.

Endlich wird der Pfad etwas einfacher zu begehen, und mit einem deutlichen Knick nach rechts schwingt er sich weiter bergan. Nach einem letzten Steilstück erwartet uns unter Fichten eine heiß ersehnte Bank zum Verschnaufen. Danach ist es nicht mehr weit bis zu einem Querweg, an dem uns ein Wegweiser nach **2.1 km** links Richtung Golfpark schickt.

Erleichtert stellen wir fest: Nun geht es erst mal abwärts. Schnell verlieren wir auf dem breiten, gut begehbaren Forstweg die Höhe, die wir gerade erst mühsam gewonnen haben. Als ein Querweg kreuzt, passieren wir ein Holzkreuz, eine Sagentafel und eine Bank, wandern aber geradeaus weiter talwärts.

Im Tal angelangt, biegen wir zunächst links, nur 10 m später aber wieder rechts auf einen Waldweg ab. Der verengt sich kurz darauf zum Pfad und bringt uns nach

2.8 km zu einem herrlich ruhigen Plätzchen am Waldrand: Zwei Bänke mit Blick über die Wiesen laden zum Verweilen ein, und herrliche Ruhe sorgt für Entspannung. Zudem bietet die nächste Sagentafel kurzweilige Unterhaltung.

Nach der Rast wandern wir mit dem Pfad im Bogen durch den Laubmischwald und stoßen auf einen Forstweg. Dem vertrauen wir uns nach links an und laufen nun mit sehr wenig Höhengewinn durchs Grüne. Nachdem ein Weg von links eingemündet ist, öffnet sich zu unserer Linken die Vegetation und gibt erste Blicke zum Golfpark frei.

Der Weg steigt nun leicht an, und nach **3.4 km** erreichen wir die Aussicht am Golfplatz (5). Zwei Bänke, eine Infotafel zu den Jaspisgruben und eine Panoramatafel bereichern dieses Idyll, und wir nehmen uns Zeit, die herrliche Aussicht über den gepflegten Golfplatz zu genießen.

Noch geht es ein Stück auf dem breiten Forstweg bergan, doch die tolle Aussicht begleitet uns und lenkt vom Anstieg ab. Dann zweigt links ein Pfad ab, und es wird noch mal herausfordernd. Diesmal ist es das steile Gefälle des streckenweise auch noch etwas geneigten Pfades, das unsere volle Aufmerksamkeit und Trittsicherheit verlangt.

Doch wir meistern auch diese Passage und gewinnen nach einer Rechtskurve sogar erneut an Höhe. Ginster rückt eng an den Pfad heran, und als die Logos uns unvermittelt scharf nach links abwärts schicken, ist eine letzte Herausforderung zu bestehen: Der Pfad führt kurz - aber sehr steil und an einer Baumwurzel vorbei - bergab.

Dank fester Wanderstiefel und hoher Aufmerksamkeit bringen wir auch diese kniffelige Stufe gut hinter uns und können uns von nun an dem ungetrübten Wanderspaß widmen. Der Pfad führt durch ein hohes Ginsterfeld am Rand des Golfplatzes entlang. Nach einer Jungwaldpassage treffen wir an der Tafel zur Feldeisenbahn auf einen Querweg und biegen links ab. Jetzt wandern wir unmittelbar am Rand des Golfparks und ignorieren abzweigende Wege. So gelangen wir nach **4.4 km** zu einem Tor, durch das wir das Areal des Golfplatzes betreten.

Kurz darauf weicht der Wald vollends zurück, und wir laufen unbeirrt geradeaus weiter. Der Weg wandelt sich zum Asphaltsträßchen, welches uns direkt zum Restaurant des Golfplatzes **(6)** bringt.

Doch noch steht uns der Sinn nicht nach Einkehr. So wandern wir am dazugehörigen Parkplatz vorbei, lassen den Golfpark endgültig hinter uns und dürfen nach einigen Bäumen rechts auf einen Pfad abbiegen. Der führt uns im Bogen bergan in ein Wäldchen. Hier wenden wir uns nach links, laufen bis zu einer Wiese, wo wir links ins Tal absteigen.

Dort treffen wir wieder auf die Zufahrtsstraße und laufen rechts zu einigen Häusern. Nach Querung des Nunkircher Weiherbaches biegen wir rechts ab, müssen aber aufpassen, da es direkt nach dem letzten Haus links zurück in die Natur geht. Mit einigen Schlenkern führt das Traumschleifchen durch Gehölz in den Nadelwald. Doch lange dauert das nicht, dann wandern wir entlang einer Hecke über das offene Feld und können den Blick umherschweifen lassen.

Nach **5.5 km** treffen wir auf einen befestigten Weg und halten uns rechts. Nun befinden wir uns im Bereich des Nunkirchener Wildgeheges. Wir laufen am Zaun entlang und werden neugierig vom Wild beäugt. Auf einer Kuppe biegt unser Weg leicht rechts ab, und eine Bank neben der nächsten Sagentafel bietet Gelegenheit, die Aussicht zu genießen und die Tiere in Ruhe zu beobachten.

Nun senkt sich der Weg ab und bringt uns zum letzten Höhepunkt der Runde: der Restauration und dem mit Wildprodukten gut bestückten Verpflegungsautomaten

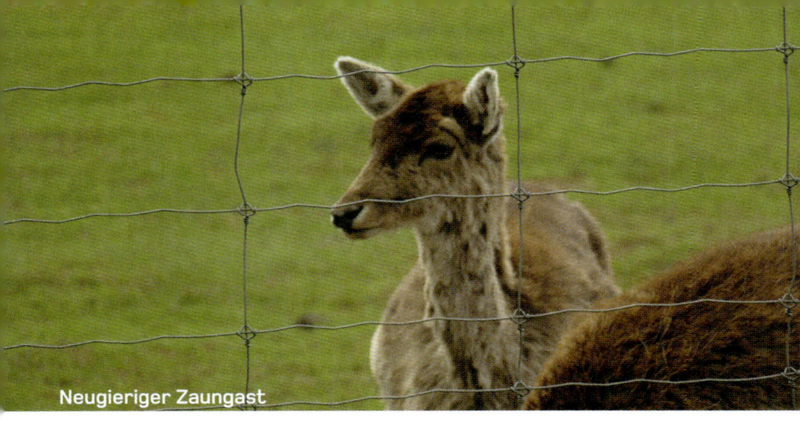
Neugieriger Zaungast

(7) des Wildgeheges. So ist sichergestellt, dass man sich hier immer bestens versorgen kann.

Kurz nach dem Automaten biegt unser Traumschleifchen links auf einen Wiesenweg ab, der uns mit sanftem Gefälle zum Waldrand bringt. Hier schließt sich nach **6.3 km** am Tripelpunkt (2) der Runde der Kreis der Wanderung.

Wir biegen rechts ab, durchschreiten das Holzportal und folgen der Straße zum nahen Forsthof (1), wo ein Besuch im Hofladen unbedingt zu empfehlen ist.

FAZIT

Der Weg verlangt gute Kondition und bei Nässe auch gute Trittsicherheit. Einige Passagen sind recht steil (bergan und bergab). Festes Schuhwerk ist daher wichtig, Stöcke sind empfehlenswert.

Schlüsselstellen: Im Anstieg gibt es eine sehr steile Passage am Ende des ersten Kilometers. Beim Abstieg sind mehrere, teils sehr steile Pfadabschnitte zu meistern, was bei Nässe herausfordernd sein kann.

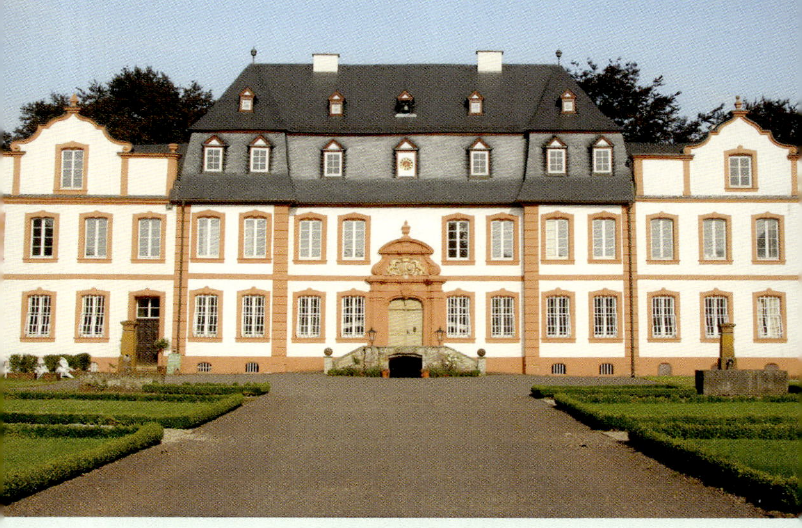

Barocke Pracht mitten im Hunsrück

Mitten im Naturpark Saar-Hunsrück, in dem man unberührte Natur erwartet, bietet ein Besuch von Schloss Münchweiler eine Zeitreise in den Barock. Das ab 1752 nach Plänen von Reichsfreiherr Franz Georg Zandt von Merl erbaute Schloss ist ein Paradebeispiel für eine barocke Prachtresidenz. Es befindet sich seit acht Generationen im Besitz der Familie von Hagke und beherbergt heute ein Hotel mit Restaurant und Café. Die Anlage steht Besuchern offen. Über einen an 17 Stationen per QR-Codes abrufbaren Audioguide wird die Geschichte von Schloss Münchweiler lebendig erzählt. Ein ganz besonderes Erlebnis ist ein Besuch im Café, das im ehemaligen Teesalon der Baronin von Zandt untergebracht ist. Dort wird man von den Eigentümern selbst mit Kaffee und Kuchen bewirtet.

Infos: Familie von Hagke, Schloss Münchweiler, 66687 Wadern,
✆ 06874/1837569, ⓦ www.schloss-muenchweiler.de

Tourist-Information Wadern, Marktplatz 13, 66687 Wadern, 06871-5070, www.wadern.de

Forsthof, Am Felswäldchen 28, 66687 Wadern-Nunkirchen, 06874/183626, www.forsthof-nunkirchen.de

- Gasthof Nunkircher Wildgehege, Am Felswäldchen 13, 66687 Wadern-Nunkirchen, 06874/172156
- Restaurant Weiherhof, In den Weihern 21, 66687 Wadern-Nunkirchen, 06874/186918, www.restaurant-weiherhof.de

Weiherhof Appartments, In den Weihern 21, 66687 Nunkirchen-Wadern, 06874/985940, www.weiherhof-appartements.com

- Schloss Münchweiler, 66687 Wadern, 06874/1837569, www.schloss-muenchweiler.de
- WeinDorf am WeinStrand, Schwarzrinder See 1a, 66709 Weiskirchen, 06874/6516, www.dasweindorf.de

Wohnmobilstellplätze am Weiherhof Golfplatz 06874/985940, www.weiherhof-appartements.com

- Reisemobilstellplatz, Herbert Klein Halle, Franz-Haas-Straße, 66687 Wadern,
- Reisemobilstellplätze am Stausee Losheim, 66679 Losheim am See, 06872/9018100

Busbahnhof Wadern mit der Buslinie 225 zur Haltestelle Carl-Gottbill-Straße/ Nunkirchen. www.saarfahrplan.de

Taxi Martin, Christianenberg 1, 66687 Wadern, 06871-2284, www.taximartin.de

- Hochwälder Fahrservice, In der Schleid 11, 66687 Wadern, 06871-5020009

Hunde können den Weg ohne Probleme laufen. Unterwegs gibt es keinen Zugang zu Wasser, daher für genug Wasser sorgen.

Premium-Wanderwege in der Nähe:

- Traumschleife Kleiner Lückner, Dellborner Mühle, Länge **8.4 km**
- Traumschleifchen Odilienweg, Oppen, Länge: **7.2 km**

9 Odilienweg

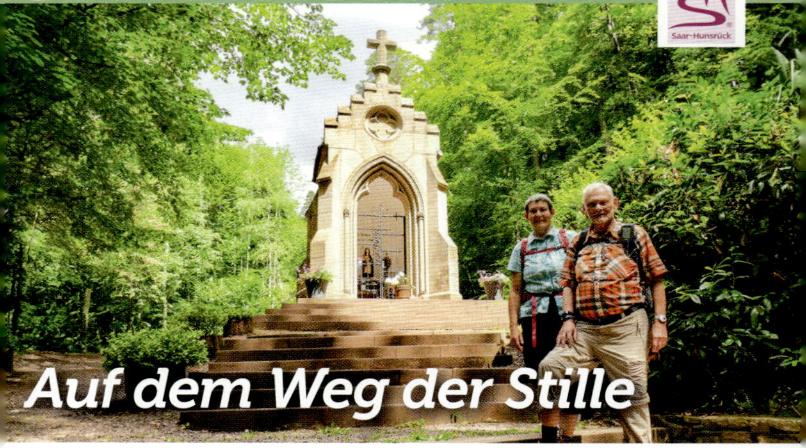

Traumschleifchen Saar-Hunsrück

Auf dem Weg der Stille

7.2	2h 30min	197	396	313 368	
km					SWP2X9X4

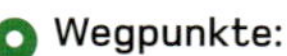

Start/Ziel: Parkplatz an der Tennisanlage Oppen

Anfahrt: Über die B 268 von Norden über Losheim oder von Süden über Lebach nach Nunkirchen, dort weiter über die L 156 nach Oppen zur Tennisanlage.

Parken: Tennisanlage Oppen
N49° 27' 28.9'' • E6° 46' 47.5''

scan to go®

Wegpunkte:

P1 Parkplatz Tennisanlage
32 U 339113 5480743

P2 Waldrastplatz
32 U 339137 5481406

P3 Ausblick & Rastplatz
32 U 339703 5481985

P4 Ausblick & Sinnesbank
32 U 339801 5482115

P5 Odilienkapelle
32 U 340315 5481334

P6 Oppen-Blick
32 U 339194 5480784

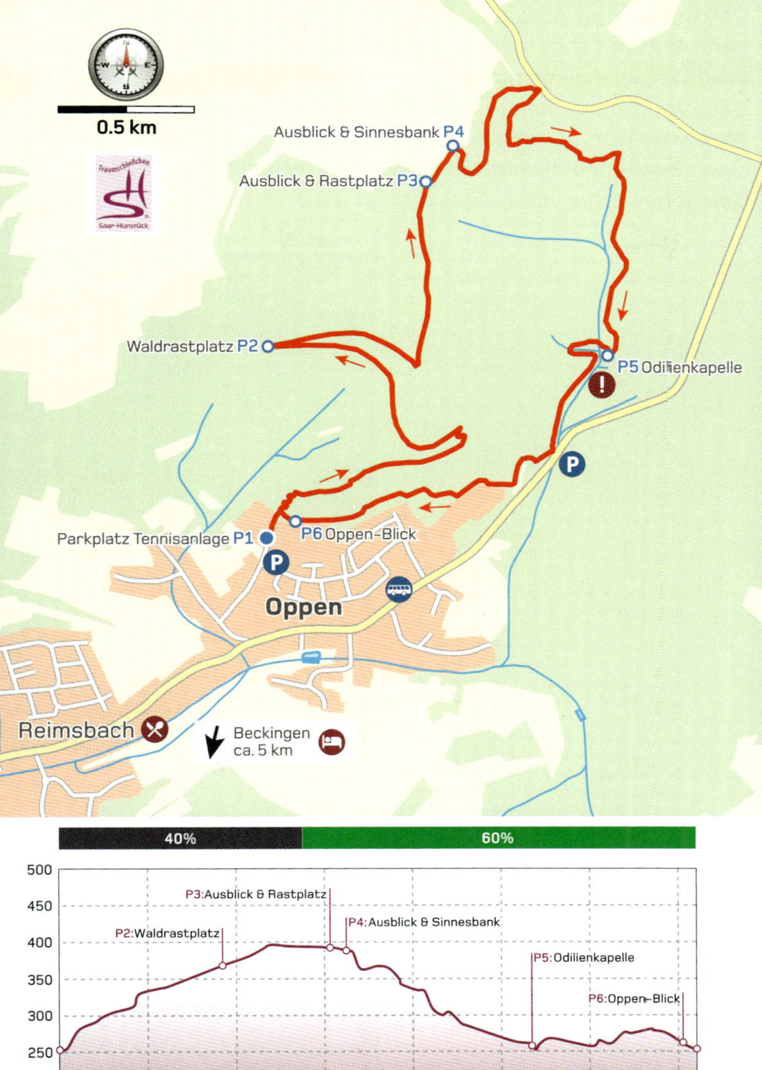

0.5 km
Traumschleifchen
Saar-Hunsrück
Ausblick & Sinnesbank P4
Ausblick & Rastplatz P3
Waldrastplatz P2
P5 Odilienkapelle
Parkplatz Tennisanlage P1
P6 Oppen-Blick
Oppen
Reimsbach
Beckingen
ca. 5 km
40%
60%
500
450
400
350
300
250
m
P3:Ausblick & Rastplatz
P2:Waldrastplatz
P4:Ausblick & Sinnesbank
P5:Odilienkapelle
P6:Oppen-Blick
P1:Parkplatz Tennisanlage
P1:Parkplatz Tennisanlage
km
1
2
3
4
5
6
7,2
Std.
40min
1h5min 1h10min
1h55min
2h30min

Der Odilienweg ist die perfekte Tour für heiße Sommertage, denn er führt fast komplett durch herrlichen Wald. Gute Kondition ist allerdings notwendig, um der Oppener Kuppe aufs Dach zu steigen. Belohnt werden wir durch facettenreichen Wald vom würzig-nordischen Kiefernwald bis zum hallenartigen Buchenhochwald. Mittendrin bietet die Odilienkapelle Gelegenheit zur stillen Einkehr.

Wir beginnen die Runde auf dem Odilienweg am Parkplatz bei der Tennisanlage (1) am Ortsrand von Oppen. Wir folgen der Zufahrt bergan zum Portal am Waldrand, wo auch ein Rastplatz und ein Steinkreuz auf uns warten. Nun beginnt die eigentliche Runde, die wir im Uhrzeigersinn absolvieren. Daher wenden wir uns nach links und folgen den Logos auf einem Pfad bergan.

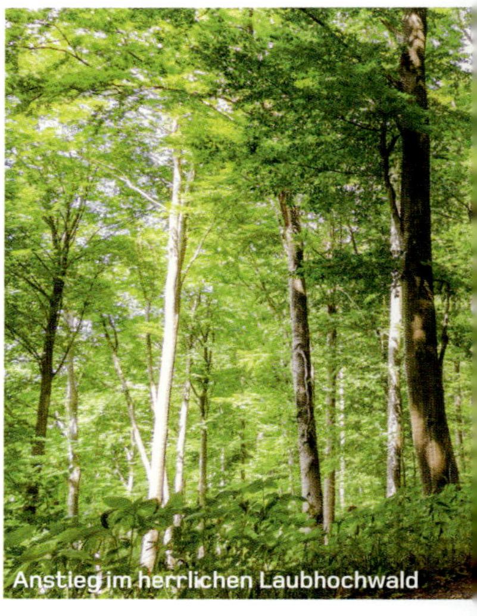

Anstieg im herrlichen Laubhochwald

Ein weicher Nadelteppich dämpft unsere Schritte, und kugelige Kiefernzapfen mutieren zu Kugellagern, während wir forschen Schrittes den Anstieg in Angriff nehmen. Mit dem Duft von Kiefern und Fichten lässt sich diese erste anstrengende Wegpassage bestens meistern. In Serpentinen führt der Odilienweg bergan, flacht aber bald ab. Nun können wir die herrliche Waldkulisse so richtig genießen, und wir freuen uns, als nach **0.4 km** die erste Bank für eine kurze Verschnaufpause bereitsteht.

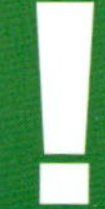

Der Weg gabelt sich, und wir biegen an der Bank links auf den weiter ansteigenden Waldweg ab.

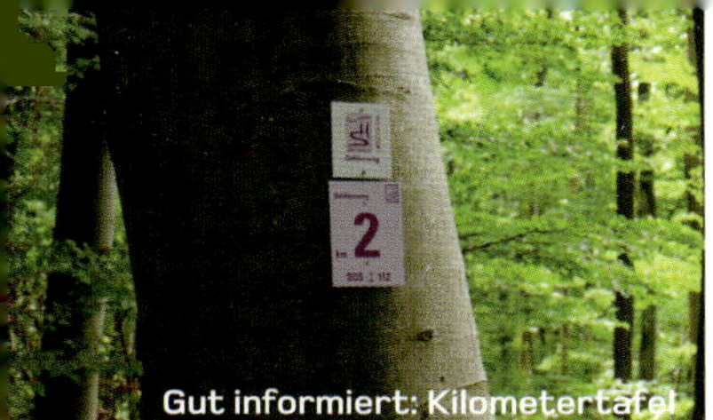

Gut informiert: Kilometertafel

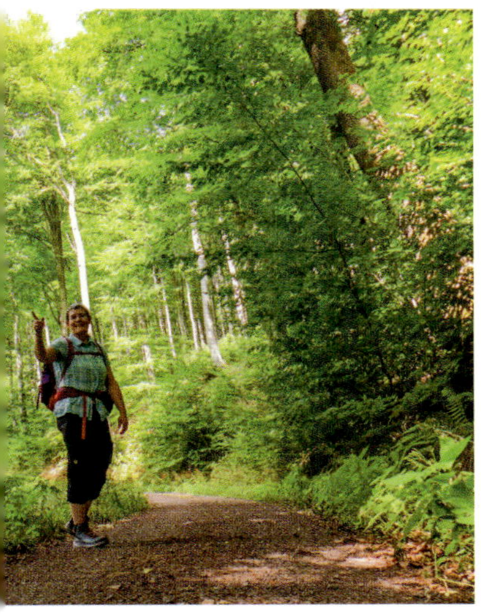

Nun ist zunächst gemächliches Waldwandern angesagt, was enorm zur Entschleunigung und zum Stressabbau beiträgt. Doch Schritt für Schritt wandelt sich der Wald, und bald finden wir uns in einem von Fichten geprägten Hochwald wieder. Die Hangflanken neben uns werden steiler, und auch unser Weg verlangt nun Kondition. Verengt zum Pfad, gilt es nämlich einen zwar kurzen, aber strammen Anstieg mit kleinen Schlenkern zu bewältigen. Doch nach **0.9 km** ist es geschafft, und wir stehen an einem breiten, befestigten Forstweg. Die Logos schicken uns nach links weiter bergan, doch glücklicherweise fällt die Steigung nun moderat aus.

Wenig später erreichen wir eine Weggabelung und nehmen den rechten, weiter bergan führenden Weg. Das Waldbild wandelt sich, und bald ist es wieder lichter, hoher Laubmischwald, der unseren Aufstieg zur Oppener Kuppe prägt. Hoch gewachsene Buchen geben dem Wald einen hallenartigen Charakter.

Nach **1.9 km** haben wir den Aufstieg fast geschafft und wenden uns an einer Kreuzung im spitzen Winkel nach rechts. Wer möchte, kann zuvor dem nahen Rastplatz (2) auf der kleinen Kreuzungslichtung einen Besuch abstatten und sich eine Pause gönnen.

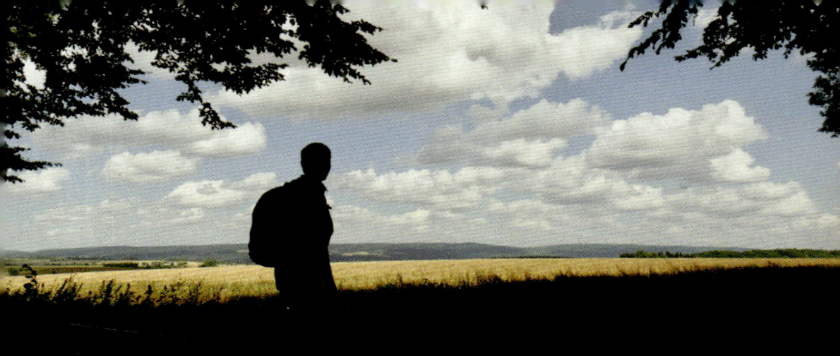
Schattenspiele: Fernblick über die Hunsrückhöhen

Nach der Pause auf die Markierung achten, denn mehrere Wege führen vom Rastplatz Richtung Osten, der mittlere ist der richtige Weg.

Auf der folgenden Wegpassage präsentiert sich unser Traumschleifchen von der gemütlichen Seite: Auf bequemem Forstweg geht es sehr sanft bergan, und wohltuende Stille sowie der Hochwald sorgen für Entspannung.

Nach **2.4 km** steht der nächste deutliche Richtungswechsel an: Wir biegen scharf links ab und wandern nun auf naturbelassenem Grund mit wenig Auf und Ab weiter. Dabei passieren wir einige verwitterte Grenzsteine, ganz offenbar sind wir gerade Grenzgänger ...

Rechts fällt die Bergflanke steil talwärts, während wir mit wenigen Schlenkern ohne Anstrengung über das bewaldete Plateau spazieren. Dabei verengt sich der Weg zeitweise zum Pfad.

Nach **3 km** treffen wir auf einen Waldweg und laufen geradeaus weiter. Wenig später queren wir einen Forstweg, behalten aber wieder die Richtung bei und streben zum nahen Waldrand. Dort öffnet sich die Waldkulisse zu einer herrlichen Panoramasicht auf die Höhen des Hunsrücker Schwarzwaldes. Wir genießen

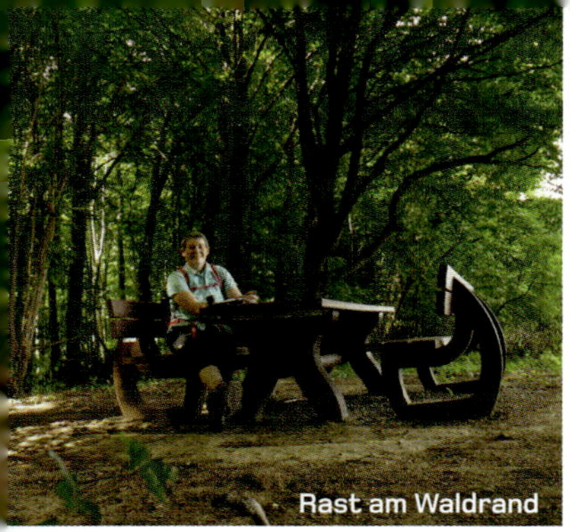
Rast am Waldrand

es, den Blick nach der langen Waldpassage weit über die offene Flur vor uns schweifen lassen zu können, und gerne nutzen wir den Rastplatz (3) für eine gemütliche Pause.

Anschließend folgt einer der schönsten Abschnitte der Runde, denn wir dürfen auf einem urigen Pfad nah des Waldrandes durch den schattigen Wald streifen und gelangen nach **3.3 km** schon zur nächsten schönen Aussicht, an der diesmal sogar eine urbequeme Sinnesbank (4) auf uns wartet.

Mit frischen Kräften setzen wir die Tour fort und folgen den Logos in den Wald. Bald ist es wieder ein Pfad, der uns nun spürbar bergab führt. Mit einigen Kurven verlieren wir Höhe und schwenken dann vorerst in die Hangflanke ein. Alte Buchen flankieren den Weg und geben dem Wald einen erhabenen Charakter. Weiter geht es talwärts, und nach **3.9 km** ist Trittsicherheit notwendig, denn es gilt den teils recht steilen Abstieg zur Straße zu überwinden.

Nachdem wir diesen gemeistert haben, laufen wir am Rand der L 369 zu einem nahen Forstweg, dem wir nach rechts folgen. Rasch ebben die Geräusche der Straße ab, und wir dringen wieder tief in den Wald ein. An einer Weggabelung halten wir uns links und wandern noch immer auf befestigtem Forstweg.

Erst nach **4.1 km** wird es wieder anspruchsvoller, denn nun biegen wir links auf einen Pfad ab, der recht steil durch hallenartigen Hochwald abwärts verläuft. Vor allem bei Nässe ist gute Trittsicherheit wichtig, um diese Passage zu meistern. Doch dann können wir aufatmen, denn der Pfad flacht ab und stößt auf einen befestigten Querweg, dem wir uns rechts zuwenden.

Nun wandern wir sogar kurzzeitig bergan, und erste Fichten mischen sich unter die Laubbäume. Auf einer Kuppe weisen die Logos bei einer besonders beeindruckenden alten Buche nach links. Der Pfad führt uns nun wieder bergab, und nach **4.6 km** treffen wir auf den nächsten befestigten Weg, auf dem auch ein Radweg ausgeschildert ist.

Mit entsprechender Aufmerksamkeit wenden wir uns nach rechts und erreichen nach wenigen Metern eine Kreuzung und eine Bank. Hier biegen wir links ab und laufen nun auf ebenem und bequemem Weg durch das Tal des Engwiesbaches, von dem wir allerdings zunächst kaum etwas mitbekommen.

Im Sommer bereichern Farne und Stolzer Heinrich kurze Passagen im Tal, während wir bestens vorankommen. Nach **5.3 km** ist es dann so weit: Wir biegen rechts auf einen Stichpfad ab und stehen kurz darauf an der Odilienkapelle **(5)**. Natürlich statten wir auch dem kleinen Brunnen des Heiligenborn einen Besuch ab, bevor wir neben der Kapelle am Rastplatz eine wohlverdiente Pause einlegen.

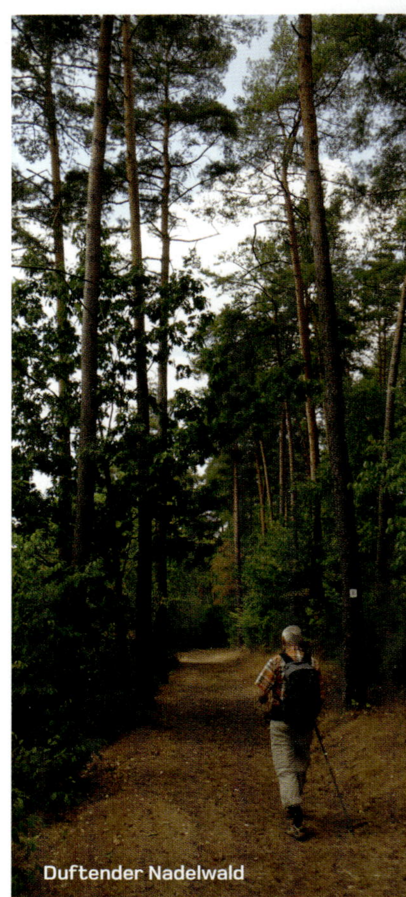
Duftender Nadelwald

Anschließend beginnt der letzte Teil der Wanderung. Wir laufen auf dem Waldweg zum nahen Bach, queren ihn und laufen wenige Meter bergan.

Auf sandigem Grund führt uns der Odilienweg im Bogen nun durch fast nordisch anmutenden Wald, in dem Birken und Kiefern den Ton angeben. Dann übernimmt wieder normaler Laubmischwald und ermöglicht uns Blicke zum nahen Bach.

Nach **6 km** erreichen wir den Rand eines kleinen Parkplatzes an der L 156, biegen aber direkt wieder nach rechts bergan. Nach kurzem Anstieg wenden wir uns an einer Schranke nach links und dürfen über eine Wiese wandern.

Auf der anderen Seite tauchen wir in den Wald ein und freuen uns sehr, als wir wenig später rechts auf einen herrlichen Pfad abbiegen dürfen.

Dieser windet sich mit etwas Auf und Ab durch ein Waldstück. Zum Abschluss lädt uns nach **7 km** noch eine weitere Sinnesbank mit Blick auf Oppen (6) zu einer letzten Rast ein.

Danach sind es nur noch wenige Meter, bis wir wieder am Steinkreuz und am Portal stehen und sich der Kreis dieser Wanderung schließt. Wir laufen das letzte Stück hinunter zum Parkplatz und beenden dort nach **7.2 km** unsere Runde auf dem Odilienweg.

FAZIT

Der Weg verlangt gute Kondition und bei Nässe auch gute Trittsicherheit, einige Passagen sind recht steil. Festes Schuhwerk ist daher wichtig, Stöcke sind empfehlenswert.

Schlüsselstellen: Im Anstieg gibt es eine sehr steile Passage am Ende des ersten Kilometers. Beim Abstieg sind mehrere, teils sehr steile Pfadabschnitte zu meistern, was bei Nässe herausfordernd sein kann.

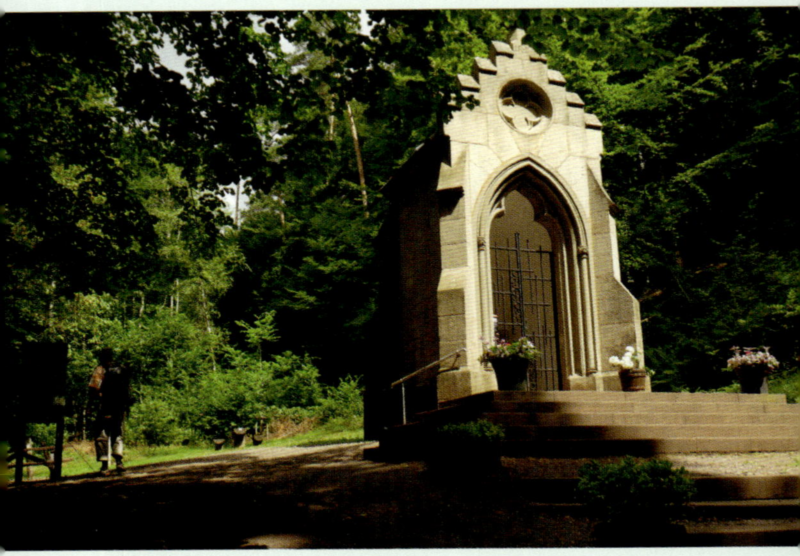

Pilgerstätte im Wald

Am Heiligenborn mitten im Wald wurde 1861 die Odilienkapelle erbaut. Das Kleinod im neugotischen Stil ist Anziehungspunkt für Pilger und Gläubige. Die heilige Odilia war im 7. Jahrhundert Äbtissin im Elsass, wo noch heute am Kloster auf dem Odilienberg an sie erinnert wird. Odilia war der Legende nach selbst blind geboren worden und wurde durch die Taufe sehend. Daher gilt die heilige Odilia noch heute als Schutzpatronin der Blinden und Augenkranken.

Auch zur kleinen Odilienkapelle kommen zahlreiche Bittsteller, die sich Heilung an den Augen erbitten. Mittlerweile hat sich an der Kapelle eine stattliche Sammlung von Bittkreuzen angehäuft, die Gläubige hier hinterlassen haben. 2011 wurde die Kapelle anlässlich des 150-jährigen Jubiläums renoviert, und auch das Umfeld um Kapelle und Brunnen wurde hergerichtet.

Tourist-Information Wadern, Marktplatz 13, 66687 Wadern, 06871-5070, www.wadern.de

Reimsbacher Hof, Kapellenstraße 71, 66701 Reimsbach-Beckingen, 06832/8017374, www.reimsbacherhof.eatbu.com

Wilscheider Hof, Zum Wilscheider Hof, 66701 Beckingen, 06832/441, www.wilscheiderhof.de

Stellplatz Nunkirchen, Zum Wiesental, 66687 Wadern-Nunkirchen, 5 Plätze
- Reisemobilstellplatz, Herbert Klein Halle, Franz-Haas-Straße, 66687 Wadern, 10 Plätze mit Ver-/& Entsorgung
- Reisemobilstellplätze am Stausee Losheim, 66679 Losheim am See, 06872/9018100

Am besten nutzt man ab Losheim die Buslinie 230 Richtung Merzig bis zur Haltestelle Oppen-Ortsmitte. Weitere Informationen unter: www.saarfahrplan.de

Taxi Martin, Christianenberg 1, 66687 Wadern, www.taximartin.de 06871-2284
- Hochwälder Fahrservice, In der Schleid 11, 66687 Wadern, 06871-5020009

Hunde können den Weg ohne Probleme laufen. Bitte an der Leine führen! Am Brunnen an der Odilienkapelle kann man Wasser für die Vierbeiner schöpfen (Gefäß mitnehmen!).

Premium-Wanderwege in der Nähe:

- Traumschleife Kleiner Lückner, Dellborner Mühle, Länge: **8.4 km**
- Traumschleifchen Forsthofrunde, Forsthof Nunkirchen, Länge: **6.5 km**

10 Fischerberg

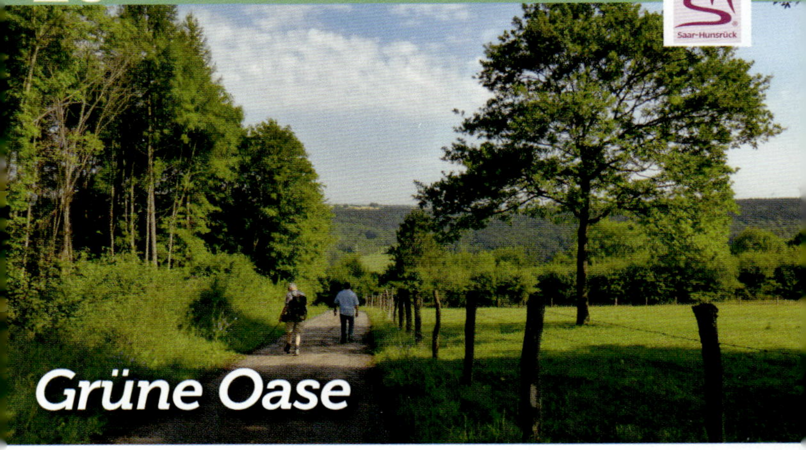

Traumschleifchen Saar-Hunsrück

Grüne Oase

4.8 km	1h 30min	107 ↑▲↓	365 ▲	329 ♀ · 386 ♂	SWP21XX3

Start/Ziel: Parkplatz Fischerberghaus, Beckingen

Anfahrt: Entlang der Saar über die L 174 nach Beckingen, weiter auf der L 156 Richtung Haustadt. Über die Herrenbergstraße bis zum Fischerberghaus.

Parken: Fischerberghaus
N49° 23' 54.4'' • E6° 41' 04.4''

Wegpunkte:
- **P1** Parkplatz Fischerberghaus
  32 U 331983 5474322
- **P2** Bank & Talblick
  32 U 331747 5474243
- **P3** Aussicht Katzenberg
  32 U 330816 5474936
- **P4** Schutzhütte & Sinnesbank
  32 U 331631 5475253
- **P5** Saartalblick
  32 U 332247 5475235

scan to go®

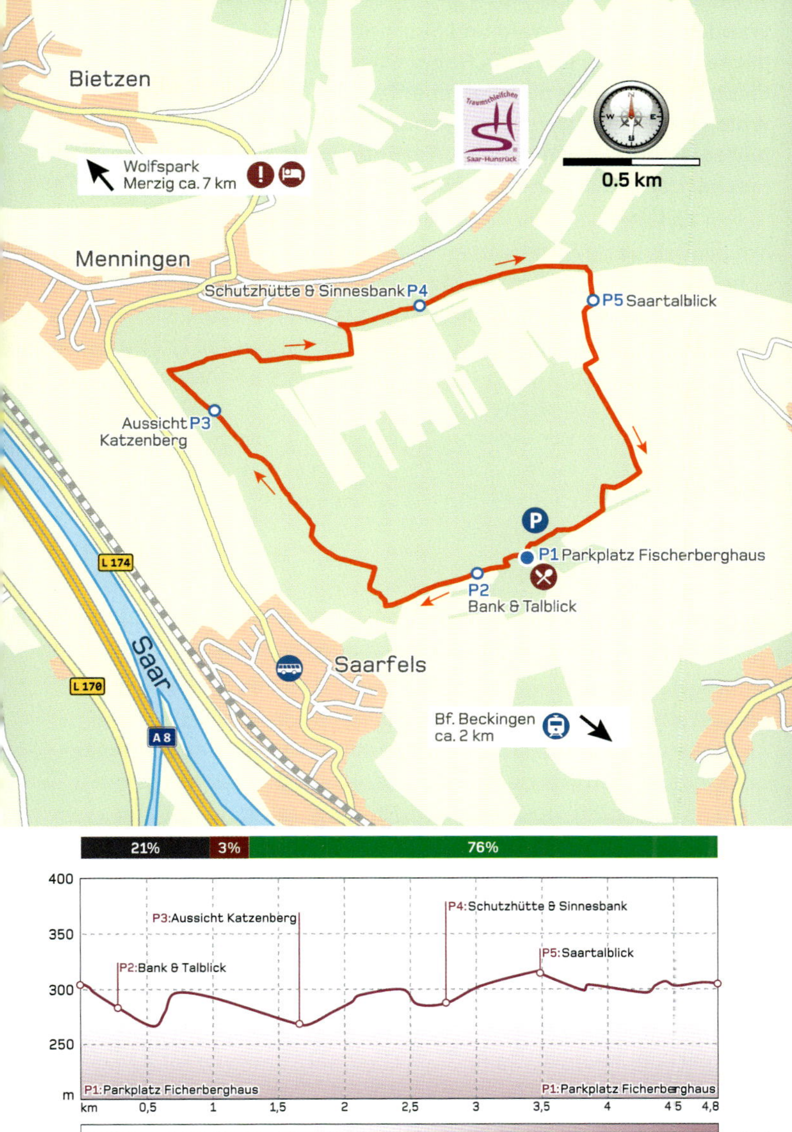

Bietzen
Traumschleifchen
Saar-Hunsrück
0.5 km
Wolfspark
Merzig ca. 7 km
Menningen
Schutzhütte & Sinnesbank P4
P5 Saartalblick
Aussicht P3
Katzenberg
L 174
P1 Parkplatz Fischerberghaus
P2
Bank & Talblick
Saar
Saarfels
L 170
A 8
Bf. Beckingen
ca. 2 km
21%
3%
76%
400
350
300
250
m
P3:Aussicht Katzenberg
P4:Schutzhütte & Sinnesbank
P5:Saartalblick
P2:Bank & Talblick
P1:Parkplatz Ficherberghaus
P1:Parkplatz Ficherberghaus
km
0,5
1
1,5
2
2,5
3
3,5
4
4 5
4,8
Std. 10min
35min
55min
1h5min
1h30min

Wandern zwischen Wald und Flur und immer wieder tolle Ausblicke, so könnte man das Repertoire des Traumschleifchens Fischerberg treffend zusammenfassen. Neben lauschigen Waldpassagen begeistern besonders die idyllischen Ruheplätze an herrlichen Wiesen. Am Ende lockt dann noch das Fischerberghaus zur zünftigen Schlusseinkehr.

Am großen Parkplatz beim Fischerberghaus (1) starten wir unsere Wanderung auf dem Traumschleifchen Fischerberg. Große Kartentafeln und ein Wegweiser sorgen für Orientierung. Wir wollen im Uhrzeigersinn laufen und wenden uns daher neben den Kartentafeln links einem Pfad zu, der mit einem Holzportal darauf hinweist: Hier geht es lang!

Der Pfad senkt sich im Wald ab, und schon nach wenigen Schritten stoßen wir auf einen querenden Weg, auf den wir links abbiegen. Doch auch diesem Weg bleiben wir nur kurz treu, denn schon an der nächsten Kreuzung schicken uns die markanten Traumschleifchen Logos rechts auf einen fast eben verlaufenden Waldweg, den wir uns nun auch mit der Traumschleife Bietzenberger teilen.

Nun wandern wir ganz entspannt durch die Hangflanke und freuen uns, als sich nach **0.3 km** zu unserer Linken der Gehölzriegel öffnet und sich ein schöner Blick (2) ins Saartal öffnet. Prima auch, dass genau hier eine Bank zum Verweilen parat steht.

Beschwingt setzen wir die Tour fort, doch schon bald steht ein Richtungswechsel an: An einem Wegweiser der Traumschleife schicken uns die Logos rechts in den Wald. Nun wird es kurz anstrengend, denn auf schmalem, steilen Pfad gilt es Höhe gut zumachen, was besonders bei Nässe auf dem dann rutschigen Waldboden durchaus herausfordernd ist.

Doch dann ist es geschafft, und wir treffen auf einen Querweg, dem wir links folgen dürfen. Jetzt geht es wieder

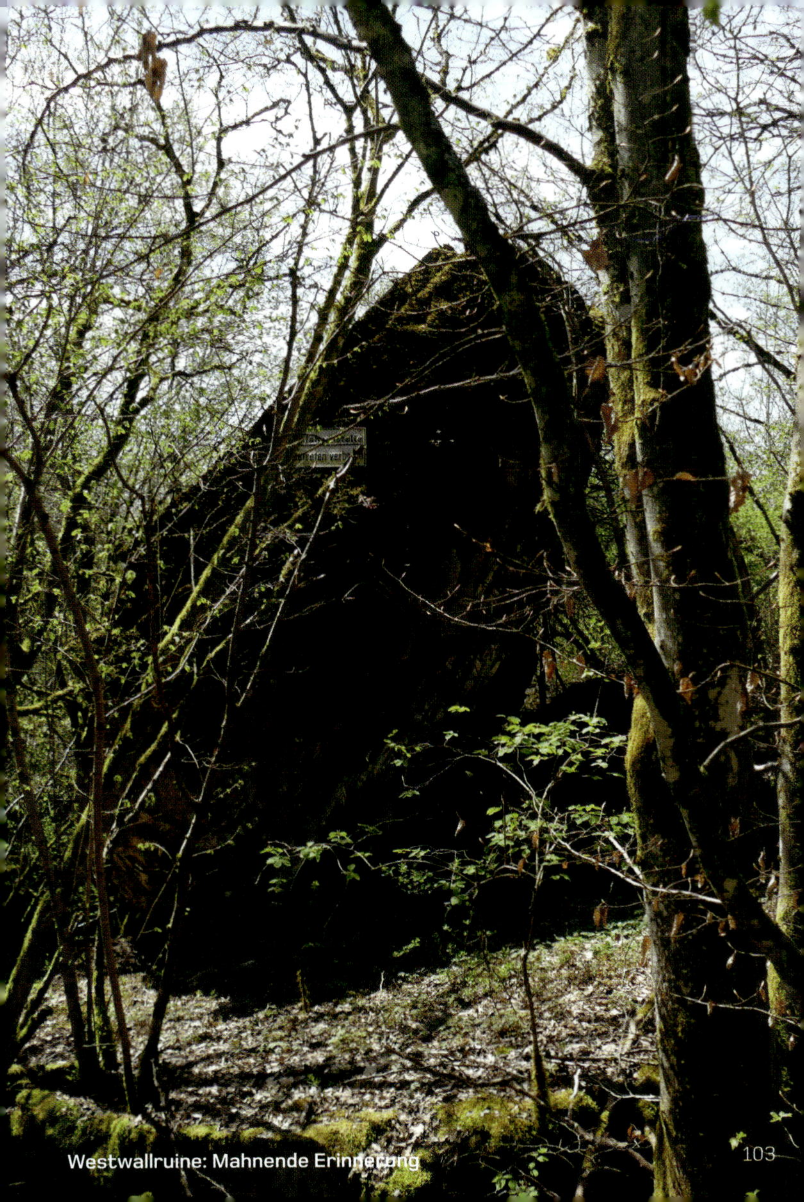

Westwallruine: Mahnende Erinnerung

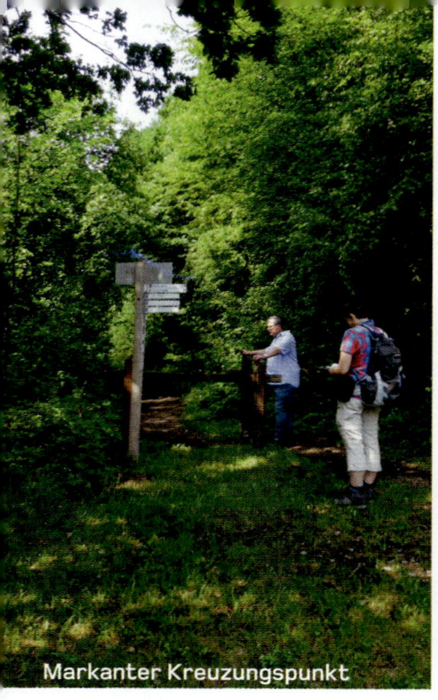
Markanter Kreuzungspunkt

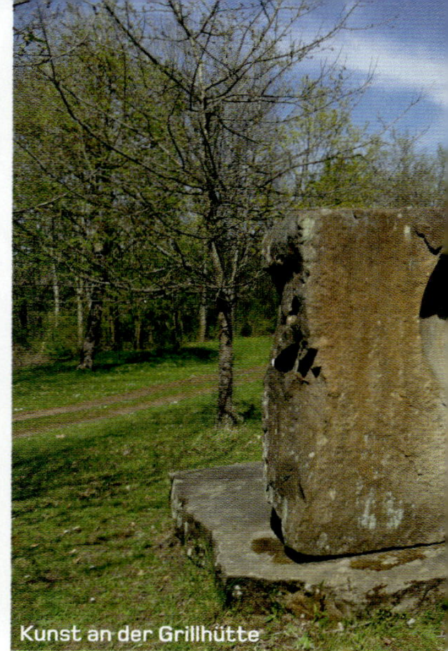
Kunst an der Grillhütte

ganz entspannt ohne große Höhendifferenz durch den artenreichen dichten Wald.

Dann erregen große, im Unterholz halb verborgene Steinklötze unsere Aufmerksamkeit. Bei näherer Betrachtung erkennen wir, dass es sich nicht um natürlichen Fels, sondern um Beton handelt, und auf einer Tafel erhalten wir die passende Erläuterung: Wir passieren gerade Relikte des Westwalls. Bald bleiben die Zeugen einer düsteren Zeit hinter uns zurück, und die fast dschungelartig anmutende Vegetation sorgt für Ablenkung und bringt uns schnell wieder auf angenehme Gedanken.

Als wir dann nach **1.7 km** auch noch auf eine Bank nebst Ausblick zur Saar (3) treffen, ist das Wanderglück perfekt.

Wir wandern weiter durch den mit duftenden Kiefern versetzten Wald und folgen dem Traumschleifchen mit

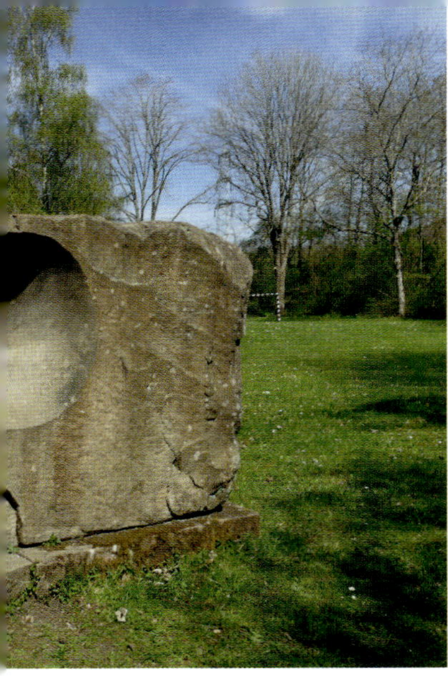

einem Rechtsknick weg von der Hangkante leicht bergan. Bald weitet sich der Pfad zum Waldweg, und links säumen niedrige Gehölze die Route.

Dann steht der nächste Richtungswechsel an: Es geht erst rechts in den Wald, doch nur wenige Meter später schickt uns ein Logo am Traumschleifen-Wegweiser links auf einen gewundenen Pfad. Was für eine herrliche Passage! Auf unserem verschlungenen Pfad erobern wir denn vielstufigen Mischwald und gewinnen dabei nur unmerklich an Höhe.

Viel zu schnell erreichen wir nach **2.4 km** an einer Bank den Waldrand und biegen links auf einen Asphaltweg ab. Während wir nun am Waldrand entlang abwärts laufen, öffnet sich ein erster Ausblick in die Umgebung. Wir kommen an eine Kreuzung, an der wir rechts auf einen Wirtschaftsweg abbiegen.

Gesäumt von üppigen Hecken, wandern wir auf dem breiten Wirtschaftsweg nach Nordosten. Es dauert nicht lange, und wir stehen an einem Wegweiser, an dem sich der Bietzenberger nach links verabschiedet. Unsere Route geht geradeaus weiter, doch bevor wir dem Weg weiter folgen, bietet sich ein Abstecher zur nahen Grillhütte an.

Auf dem großzügigen Wiesenareal gibt es neben der Hütte auch zahlreiche Bänke, eine Steinskulptur und eine Sinnesbank (4). Also ein idealer Platz, um nach **2.7 km** eine gemütliche Pause einzulegen.

Mit frischem Schwung wandern wir anschließend auf dem bequemen Weg sanft ansteigend weiter. Einen abzweigenden Weg ignorieren wir, bis wir am Waldrand von einem Wegweiser nach rechts geschickt werden. Nun sind es nur noch wenige Schritte, bis wir an der Hangkante stehen und etwas neben dem Weg an einem Rastplatz eine sagenhaft schöne Panoramaaussicht genießen können. Schon wieder ein perfekter Pausenplatz ...

Doch es wird noch besser, denn kaum sind wir auf dem federnden Wiesenweg, den das Traumschleifchen nun nutzt, etwas weitergelaufen, lädt uns nach **3.5 km** eine geschwungene Sinnesbank **(5)** zum Verweilen und „Fernsehen“ ein. Dieses Programm lassen wir uns natürlich nicht entgehen!

Wir befinden uns nun im Naturschutzgebiet Wolferskopf, und entsprechend artenreich und begeisternd ist die Natur,

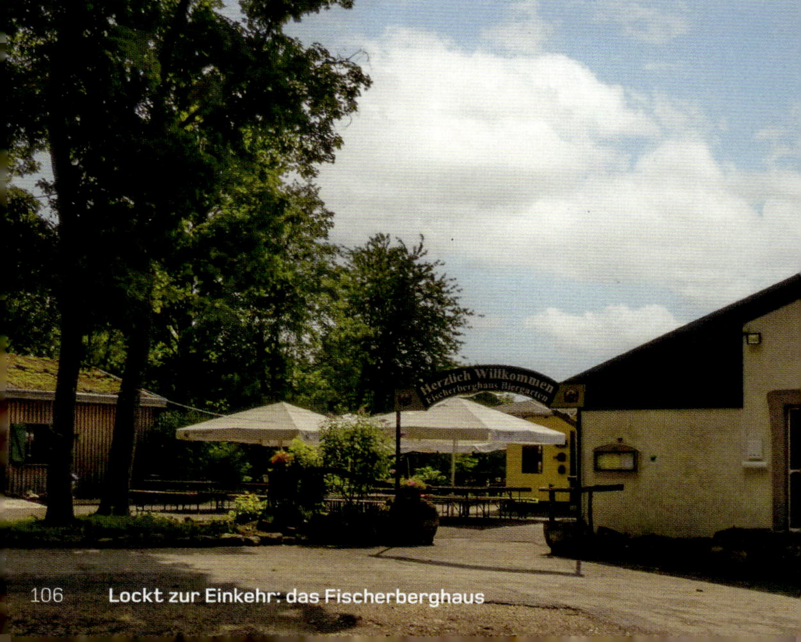

Lockt zur Einkehr: das Fischerberghaus

durch die wir nun wieder in Begleitung gleich zweier Traumschleifen streifen dürfen. Streuobstbäume, Gehölze und weite Wiesen prägen nun die Wanderung, die uns mit einigen Schlenkern langsam bergan zum Waldrand führt.

Dort angelangt, biegen wir links ab und laufen zwischen Wald und umzäunten Weiden weiter. Dabei eröffnen sich immer wieder neue Ausblicke und sorgen für Hochstimmung.

Nach **4.3 km** knickt unser Wanderweg rechts ab und folgt dem Waldrand. So gelangen wir an den Rand des Naturschutzgebietes, wo unser Traumschleifchen links auf einen Pfad in den Wald abbiegt.

Nach einem weiteren leichten Abstieg wendet sich der Weg nach rechts und verbreitert sich etwas. Wir passieren eine letzte Bank und folgen den Logos. Nun geht es nahe der Hangkante entlang durch den Wald.

Dort befand sich früher ein Steinbruch, und an einer Stelle können wir sogar einen Blick in den alten Abbau erhaschen.

Dann sind es nur noch wenige Meter, bis wir wieder den Parkplatz (1) erreichen und unsere sehr aussichtsreiche Naturrunde nach **4.8 km** endet.

Zum Abschluss empfiehlt sich nach dem Wandergenuss die Einkehr im einladenden Fischerberghaus.

FAZIT

Die Tour verlangt normale Kondition und Trittsicherheit. Aufgrund der zahlreichen Naturwegpassagen ist festes Schuhwerk unbedingt zu empfehlen.

Schlüsselstellen: Auf dem ersten Kilometer gibt es einen strammen Pfadanstieg, der bei Nässe durchaus herausfordernd sein kann.

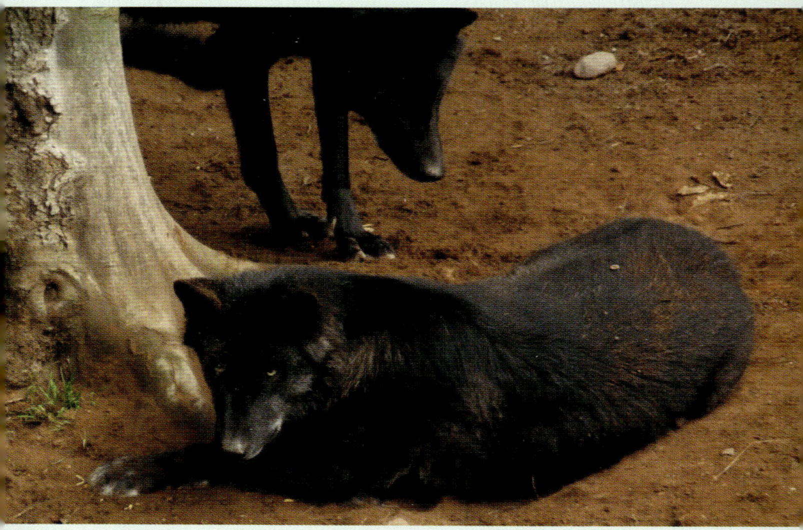

Wilde Weggefährten

Nahe dem Zentrum von Merzig, im weitläufigen und gut gesicherten Waldareal des Merziger Kammerforstes, heulen die Wölfe! 1977 gründete der Wolfsforscher Werner Freund das erste Gehege. Durch seine Studien gewann er das Vertrauen der Wölfe und hat im Lauf der Jahre viele Tiere per Hand aufgezogen. Neben europäischen Grauwölfen aus Spanien und Litauen leben im Wolfspark auch weiße Polarwölfe, dunkel gefärbte Timberwölfe, indische Wölfe und sibirische Wölfe. Die Besucher können die Tiere von den breiten Wegen aus durch einen Zaun beobachten, noch besser gelingt das aber von den speziellen Aussichtsplattformen, die Einblicke von oben gewähren. Kostenlose Führungen finden an jedem 1. Sonntag im Monat jeweils um 16.00 Uhr statt. Ansonsten kann der Wolfspark täglich kostenfrei zwischen Tagesanbruch und Einbruch der Dunkelheit besucht werden. Achtung: Hunde sind nicht erlaubt! Wolfspark Merzig, Waldstraße, 66663 Merzig, www.wolfspark-wernerfreund.de

Tourismus-Information Merzig, Brauerstr. 5, 66663 Merzig, ✆ 06861/85330, ⓘ www.merzig.de

Fischerberghaus, Wendelinusstraße, 66701 Beckingen, ✆ 06835/6018067, ⓘ www.menningen-saar.de
- Restaurant Zur Post, Dillinger Str. 1, 66701 Beckingen, ✆ 06835/1782

Hotel Roemer, Schankstr. 2, 66663 Merzig, ✆ 06861/93390, ⓘ www.roemer-merzig.de

Campingplatz des Kanu Club Merzig e.V., Alter Leinpfad 3, 66663 Merzig, ✆ 01525/6823619
- Wohnmobilstellplatz, Das Bad Merzig, Saarwiesenring, 66663 Merzig

Bis Merzig oder Beckingen mit der Bahn. Mit der Buslinie 230 von Merzig bis Beckingen-Saarfels, Haltestelle Post. Nach ca. 500 m Fußweg stößt man etwa bei km 0.6 auf den Weg. ⓘ www.saarvv.de

Funktaxi Merzig, Wendelinusstr. 33, 66663 Merzig, ✆ 06861/2311
- Taxi Dhillon, Geierweg 8, 66663 Merzig, ✆ 06861/3136

Hunde können den Weg problemlos laufen. Unterwegs gibt es aber kein Wasser für die Tiere.

Premium-Wanderwege in der Nähe:
- Traumschleife Bietzenberger, Beckingen, Länge: **18.8 km**
- Traumschleife Litermont Gipfeltour, Nalbach, Länge: **9.2 km**
- Traumschleife Litermont Sagenweg, Nalbach, Länge: **19 km**
- Traumschleife Beckinger Saarblicke, Beckingen, Länge: **14.5 km**

11 Überblick

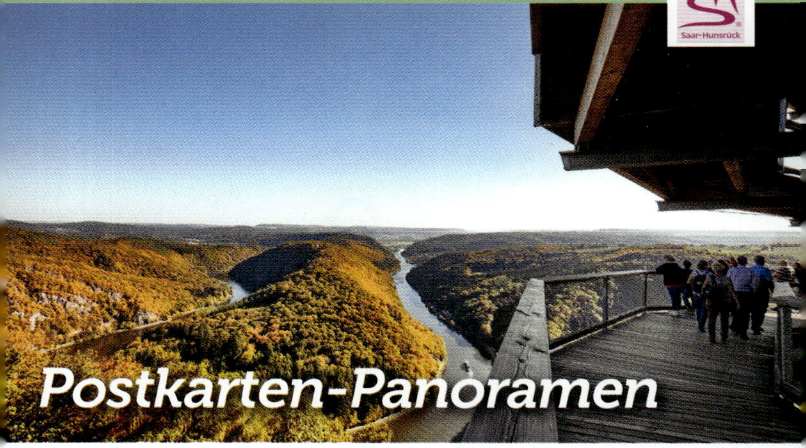

Traumschleifchen Saar-Hunsrück

Postkarten-Panoramen

2.7	1h	70	400	199 234	
km 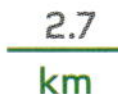			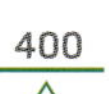	♀ ♂	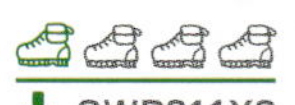 SWP211X2

Start/Ziel: Parkplatz am Cloef-Atrium

Anfahrt: Aus dem Saartal (B 51) von Mettlach über die L 176 und die L 177 nach Orscholz. Parken an der Mius-Kiefer-Straße nahe dem Cloef-Atrium.

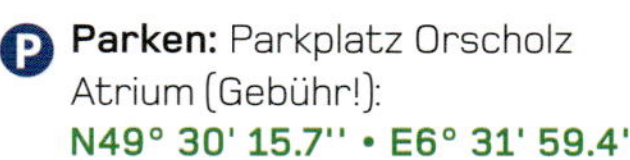

Parken: Parkplatz Orscholz Atrium (Gebühr!):
N49° 30' 15.7'' • E6° 31' 59.4''

Wegpunkte:

P1 Cloef-Atrium
32 U 321567 5486501

P2 Höhe 400
32 U 321527 5486633

P3 Abzweig Restaurant Blumenfels
32 U 321802 5486439

P4 Kleine Cloef
32 U 322241 5486439

P5 Cloef
32 U 321949 5486155

scan to go®

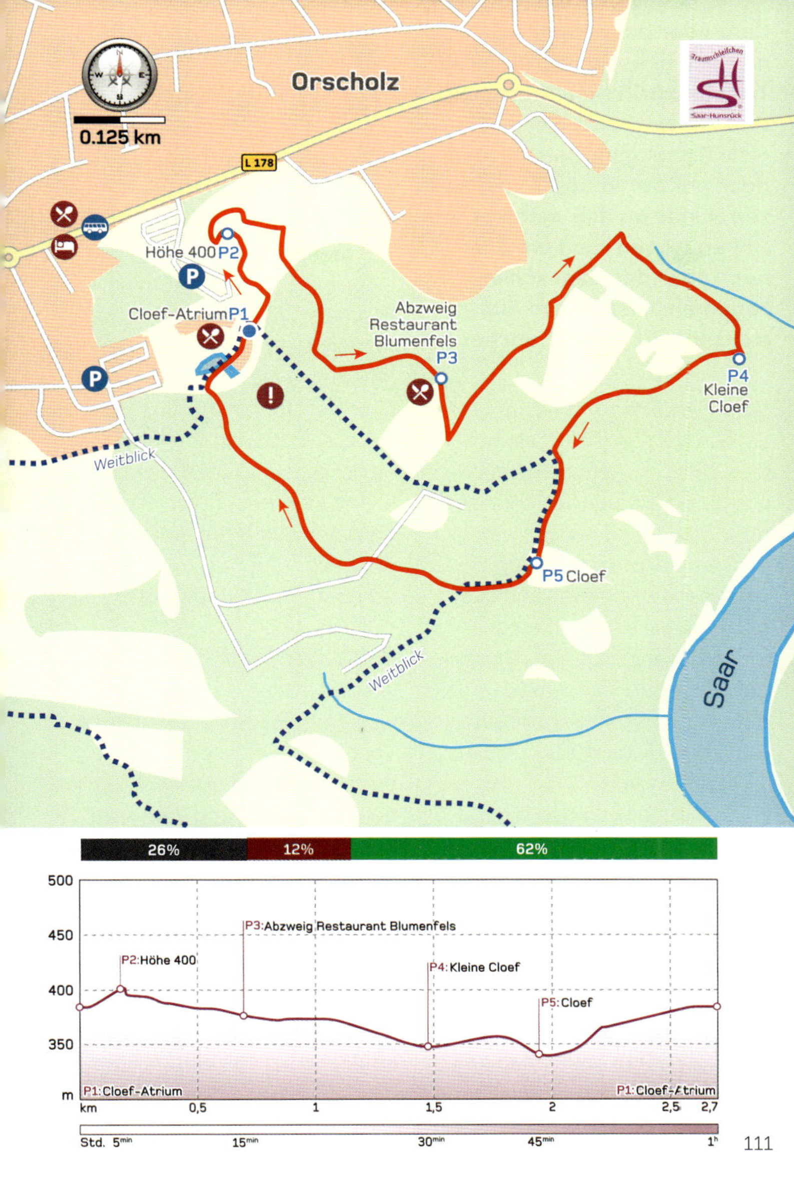

Orscholz
0.125 km
L 178
Traumschleifchen
Saar-Hunsrück
Höhe 400 P2
Cloef-Atrium P1
Abzweig
Restaurant
Blumenfels
P3
P4
Kleine
Cloef
P5 Cloef
Weitblick
Weitblick
Saar
26%
12%
62%
500
450
400
350
m
P2: Höhe 400
P3: Abzweig Restaurant Blumenfels
P4: Kleine Cloef
P5: Cloef
P1: Cloef-Atrium
P1: Cloef-Atrium
km
0,5
1
1,5
2
2,5
2,7
Std. 5min
15min
30min
45min
1h

Kurz aber besonders erlebnisreich präsentiert sich das Traumschleifchen Überblick. Und der Name ist hier definitiv Programm, kommt man doch auf der knapp 3 km kurzen Runde an den wichtigsten Höhepunkten rund um den hoch über der Saarschleife liegenden berühmten Aussichtspunkt „Cloef" vorbei.

Vom Parkplatz am Atrium sind es nur wenige Schritte auf dem breiten Asphaltweg, bis wir direkt neben der Tourist-Information im Atrium am ersten Wegweiser (1) des Traumschleifchens Überblick stehen. Wir wollen die kurze Spazierwanderung im Uhrzeigersinn absolvieren und laufen daher zunächst geradeaus Richtung Höhe 400.

So wandern wir noch ein kleines Stück auf dem gepflasterten Weg am Rand des Waldes weiter, bis uns an einer Bank der nächste Wegweiser links auf einen Fußweg schickt. Mithilfe einiger Stufen erklimmen wir die kleine Anhöhe, passieren eine weitere Bank und einige kleine Felsen, um dann per Treppe vollends auf den „Gipfel" zu gelangen. Nun stehen wir auf dem kleinen Plateau der Höhe 400 (2) und können den Ausblick auf Orscholz und den Park genießen.

Über einen felsgesäumten Pfad steigen wir wieder ab und treffen am Fuß des Hügels auf einen Pflasterweg. Dem vertrauen wir uns nach rechts an. Zwischen dem Parkplatz und unserem Weg steht eine geschwungene Sinnesbank zur Rast bereit, doch wir bleiben dem Weg treu und umrunden die Höhe 400.

Bald führen uns einige Stufen wieder etwas bergan, aber die Steigung ist gering und kurz. Vorbei an weiteren Bänken spazieren wir durch das parkähnliche Areal und wechseln nach **0.3 km** halb links auf einen befestigten Fußweg. Sanft geht es hinab zu einem querenden Asphaltweg.

Hier biegen wir rechts ab, dürfen aber schon 40 m später links mit einem Pfad in den Wald abtauchen. Der Pfad

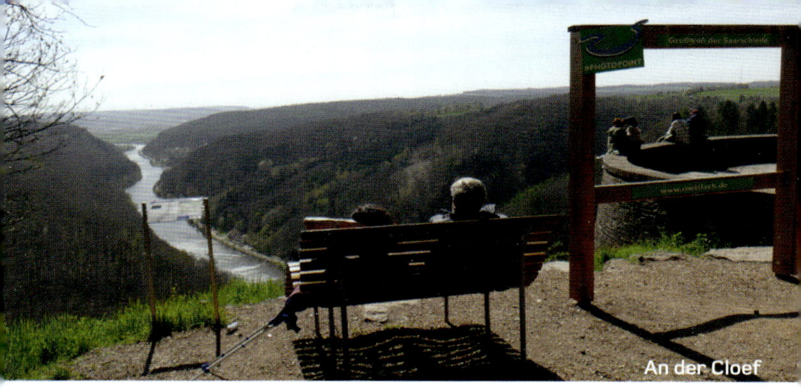
An der Cloef

windet sich idyllisch durch den lichten Wald und führt uns ohne Höhenunterschied zu einem Querweg. Wir behalten die Richtung bei und wandern weiter auf federndem Waldpfad durch den von Buchen dominierten Wald.

Plötzlich erspähen wir durchs Geäst erstmals die Rampe des Baumwipfelpfades. Kurz darauf laufen wir unter dem hölzernen Steg durch und biegen links ab. In luftiger Höhe steigt der Wipfelpfad an, während wir bodenständig bleiben und weiter den Wald genießen.

An einem Asphaltweg schicken uns die Logos rechts bergauf und nur wenige Meter später bekommen wir die Gelegenheit, zum nahen Restaurant Blumenfels abzubiegen **(3)**. Doch uns ist noch nicht nach Einkehr, uns zieht es zu den Aussichten auf die Saar!

So folgen wir dem Asphaltweg über eine Kuppe, passieren einen Rastplatz und wandern am Zaun des Abenteuerwaldes, einem kostenpflichtigen Erlebnisspielplatz, entlang.

Nach **0.8 km** erreichen wir eine Kreuzung, an der uns ein Wegweiser im spitzen Winkel links auf einen Waldweg schickt. Noch einmal unterqueren wir den Baumwipfelpfad, dann bleibt der Trubel langsam hinter uns zurück, und wir können die abwechslungsreiche Natur ohne Ablenkung genießen. Bestens geführt von unserem Logo, wandern wir durch den Laubmischwald und freuen uns auch an Gehölzen und einer kleinen Waldwiese.

Dann erreichen wir das Gelände des Gesundheitszentrums. Wir schwenken rechts auf einen Pfad, der parallel zum Zaun Richtung Weselbachtal führt. Dort treffen wir auf einen Querweg und halten uns rechts. Nun mischen sich zunehmend Fichten unter die Laubbäume, und der links verlaufende quirlige Weselbach sowie die Felsen im Bachtal sorgen für eine urige Atmosphäre.

Nach **1.3 km** treffen wir an einem Wegweiser auf den Saar-Hunsrück-Steig, der uns nun ein Stück begleiten wird. Sanft steigt unser Waldweg an, bis wir voraus eine Schutzhütte erkennen. Hier biegt der Weg rechts ab, doch wir legen einen kleinen Abstecher zur Hütte und zu den Bänken an der Hangkante ein, denn wir sind nun an der

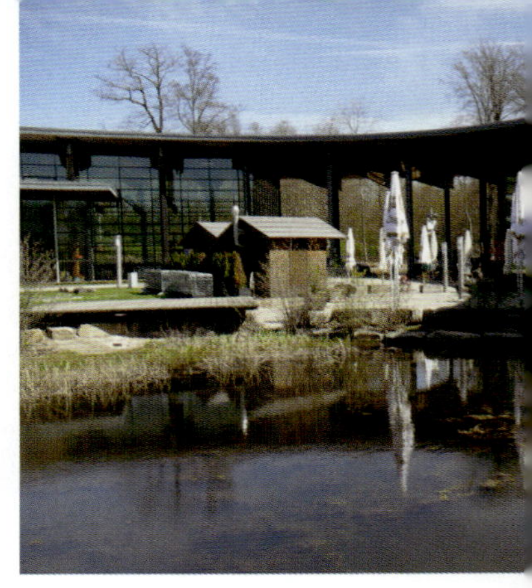

Kleinen Cloef (4) und können einen ersten tollen und ungestörten Ausblick auf die Saarschleife genießen.

In Begleitung der anderen Wege folgen wir der weiterhin ansteigenden Route durch den Wald. Nach **1.8 km** gesellt sich an einer Weggabelung auch das Traumschleifchen Weitblick zu uns. Gemeinsam biegen wir links ab und merken schnell: Der Trubel nimmt wieder zu. Und dann ist es so weit: Vor uns öffnet sich die sagenhaft schöne Panoramaaussicht der Cloef (5)! Natürlich gibt es hier neben Tafeln, einer Schutzhütte und zahlreichen Bänken auch viele

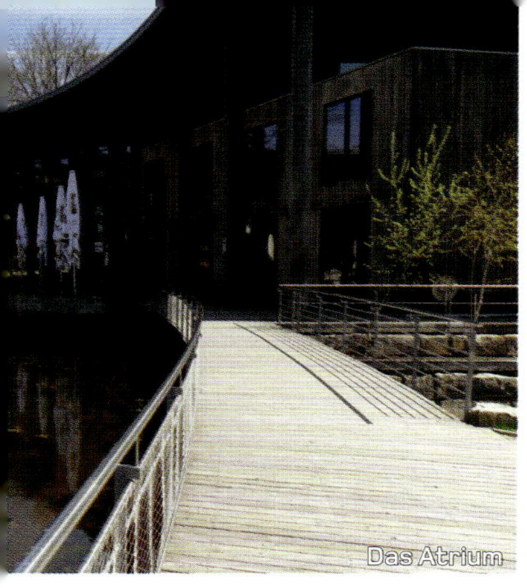
Das Atrium

Besucher, dennoch gelingt es uns, den Zauber dieses berühmten Ortes zu erspüren und die Aussicht zu genießen.

Schließlich setzen wir unsere Runde fort und folgen dem breiten Wanderweg an der Hütte vorbei in den von Baumfällungen gezeichneten Wald. Ein Wegweiser schickt uns mit dem Traumschleifchen Überblick nach rechts, während die anderen Rundwege geradeaus verlaufen. In Begle tung des Saar-Hunsrück-Steigs wandern wir sanft ansteigend auf breitem, bequemen Weg in den nahen Wald, wo wir links auf einen Pfad wechseln dürfen. Dieser führt uns zu einer Zufahrtsstraße, die wir queren, um auf der anderen Seite links auf einen Fußweg abzubiegen.

Der bringt uns mit einem Rechtsbogen und leichter Steigung zum Eingang des Baumwipfelpfades und zum gepflegten Areal rund um das Atrium **(1)**. Dort schließt sich nach **2.7 km** der Kreis dieser kurzen, aber sehr erlebnisreichen Runde.

Je nach Lust und Laune lassen wir die Tour mit einer Einkehr oder abenteuerlustig auf dem Baumwipfelpfad ausklingen.

FAZIT

Das Traumschleifchen ist mit normaler Kondition und Trittsicherheit begehbar. Festes Schuhwerk ist empfehlenswert.

Schlüsselstellen: Der Weg weist keine besonders herausfordernden Passagen auf.

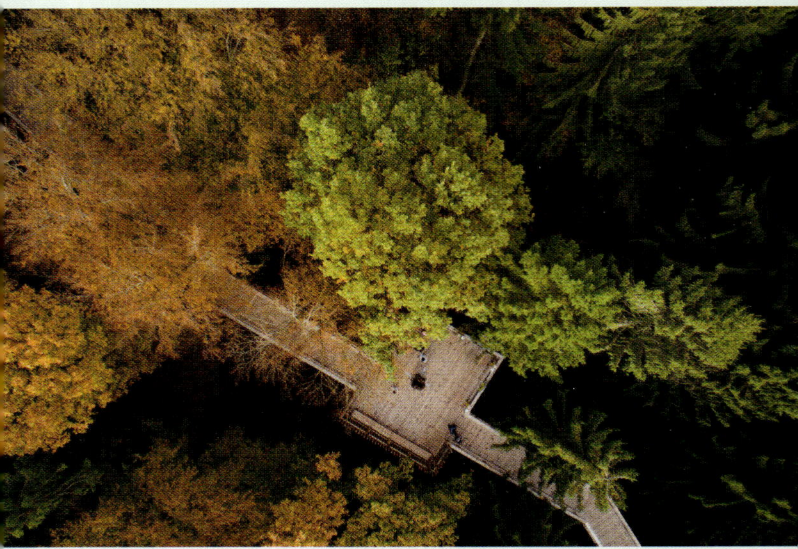

Über den Wipfeln wandern

Eine tolle Ergänzung zu einer Wanderung rund um die Cloef ist der Besuch des Baumwipfelpfades. Der kostenpflichtige Pfad windet sich zunächst etwa 800 m sanft ansteigend durch den Wald empor, bis er in 23 Metern Höhe auf das Herzstück des Pfades trifft: den Aussichtsturm. Nun geht es weiter hinauf, die Baumkronen werden überstiegen und es öffnet sich ein grandioser Blick auf die Umgebung und natürlich auf die Saarschleife. Der 42 m hohe Turm wird über eine Spiralrampe erklommen, die dank der maximalen Steigung von 6 % auch von Rollstuhlfahrern oder mit einem Kinderwagen bewältigt werden kann. Die Gesamtlänge des Baumwipfelpfades beträgt 1250 m. Hunde sind auf dem Pfad nicht gestattet. Übrigens: Im Sommer gibt es regelmäßig auch kostenpflichtige Führungen, bei denen Experten Wissenswertes zum Wald und zur Region vermitteln. Infos unter: ⓘ www.baumwipfelpfade.de/saarschleife

Tourist-Info Orscholz, Cloef-Atrium, 66693 Mettlach, 06865/91150, www.tourist-info.mettlach.de
- *Tourist-Info Mettlach, Freiherr-von-Stein-Str. 22, 66693 Mettlach, 06865/91150, www.tourist-info.mettlach.de*

Bistro Mirabell, Cloef Atrium, An der Cloef, 66693 Mettlach-Orscholz, www.bistro-mirabell.de 06865/9115250,
- *Waldgaststätte Blumenfels, Cloefstraße 900, 66693 Mettlach-Orscholz, 06865/1869420 oder 06865/1864810*

Landhotel Saarschleife, Cloefstr. 44, 66693 Mettlach-Orscholz, 06865/1790, www.hotel-saarschleife.de

Reisemobilstellplatz Orscholz, am Cloef-Atrium, 66693 Orscholz, 06865/911252
- *Reisemobilstellplatz Mettlach, Am Brauhaus, Bahnhofstr. 32, 66693 Mettlach*

Mettlach ist gut per Bahn erreichbar. Von der Schiffsanlegestelle fahren täglich mehrere Buslinien auch nach Orscholz (Linien 159, 207, 209). Weitere Informationen unter: www.saarvv.de

Taxi Schwarz, Schmiedewäldchen 10, 66693 Orscholz 06865/248
- *Taxi Kiefer/Schuster, Zur Keuchinger Flur 48, 66693 Mettlach, 06865/93939 oder 06864/432*

Hunde können den Weg ohne Probleme laufen. Es gibt aber keinen Zugang zu Wasser.

Premium-Wanderwege in der Nähe:

- *Traumschleife Cloefpfad, Orscholz, Länge:* **8.2 km**
- *Traumschleife Saarschleife Tafeltour, Mettlach, Länge:* **15.2 km**
- *Traumschleifchen Weitblick, Orscholz, Länge:* **4 km**

12 Weitblick

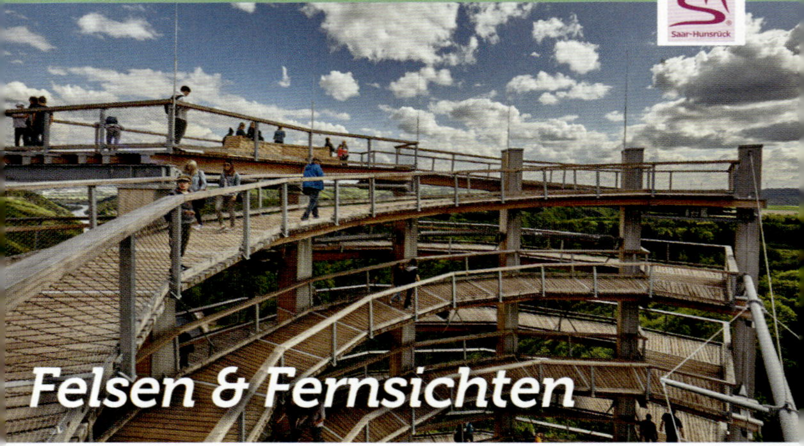

Traumschleifchen Saar-Hunsrück

Felsen & Fernsichten

4	1h 20min	107	396	289 339	SWP212X1
km					

Start/Ziel: Parkplatz am Cloef-Atrium

Anfahrt: Aus dem Saartal (B 51) von Mettlach aus über L 176 und L 177 nach Orscholz. Parken an der Mius-Kiefer-Straße nahe dem Cloef-Atrium.

Parken: Parkplatz Orscholz Atrium (Gebühr!)
N49° 30' 15.7'' • E6° 31' 59.4''

Wegpunkte:

P1 Cloef-Atrium
32 U 321567 5486501

P2 Cloef
32 U 321949 5486155

P3 Teufelssteinhütte
32 U 321974 5485710

P4 Orkelsfels
32 U 320933 5486181

scan to go®

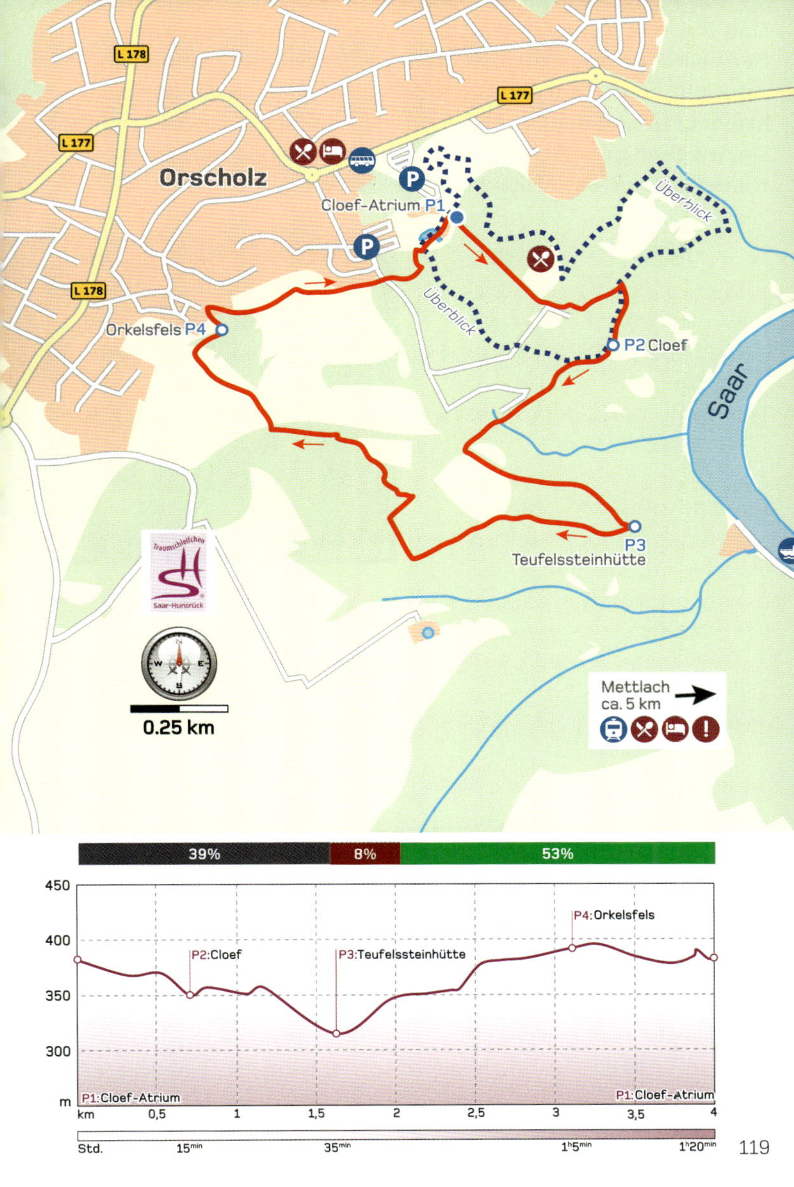
L 178
L 177
L 177
L 178
Orscholz
Cloef-Atrium P1
Überblick
Überblick
Orkelsfels P4
P2 Cloef
Saar
P3
Teufelssteinhütte
Traumschleifchen
Saar-Hunsrück
0.25 km
Mettlach
ca. 5 km
39%
8%
53%
450
400
350
300
m
P2:Cloef
P3:Teufelssteinhütte
P4:Orkelsfels
P1:Cloef-Atrium
P1:Cloef-Atrium
km
0,5
1
1,5
2
2,5
3
3,5
4
Std.
15min
35min
1h5min
1h20min

Das Traumschleifchen Weitblick gewährt uns immer wieder herrliche Aussichten und Blicke: Neben der grandiosen Aussicht an der berühmten Cloef gehören auch die Teufelssteinhütte und der Orkelsfels zu den Höhepunkten der Runde. Dazwischen genießen wir den Wald und erleben mitten im Hunsrück eine außergewöhnliche Tierart ...

Vom Parkplatz Atrium/Cloef sind es nur wenige Schritte über den breiten Fußweg, bis wir neben der Tourist-Information im Atrium (1) auf das Wanderportal und den ersten Wegweiser stoßen.

Rund um die Cloef gibt es zahlreiche Wanderwege, wir erkunden das Traumschleifchen Weitblick. Da wir im Uhrzeigersinn unterwegs sein wollen, biegen wir an Wegweiser und Kartentafel rechts auf den breiten Fußweg Richtung Cloef ab.

Zügig bringt uns der Asphaltweg durch den Wald unter der Rampe des Baumwipfelpfades hindurch. Wir passieren einige Bänke und bald auch das umzäunte Areal des Abenteuerwaldes. Am rechten Wegrand erregt eine Infotafel des Nationalparks Hunsrück-Hochwald unsere Aufmerksamkeit.

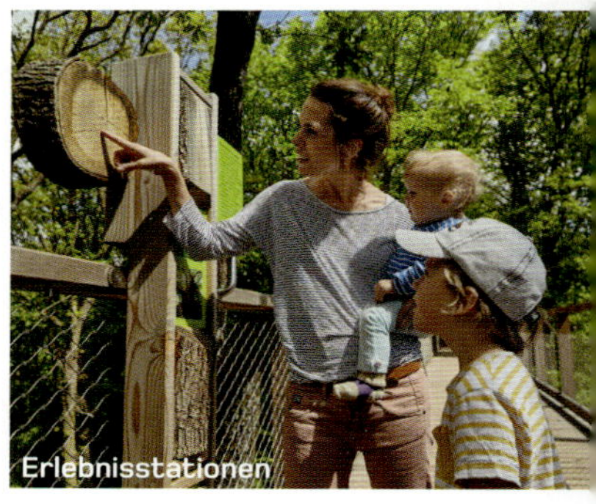
Erlebnisstationen

Wir lassen den Eingang zum Abenteuerwald unbeachtet, dürfen aber nun den Asphaltweg verlassen und auf einen etwas holprigen Waldpfad wechseln. Der führt uns mit einigen gut markierten Schlenkern erneut unter der luftigen Rampe des Baumwipfelpfades hindurch und an einer Schutzhütte vorbei.

Wir queren einen Asphaltweg und laufen weiter auf angenehmen Waldwegen, bis wir nach **0.5 km** an einem Wegweiser ankommen.

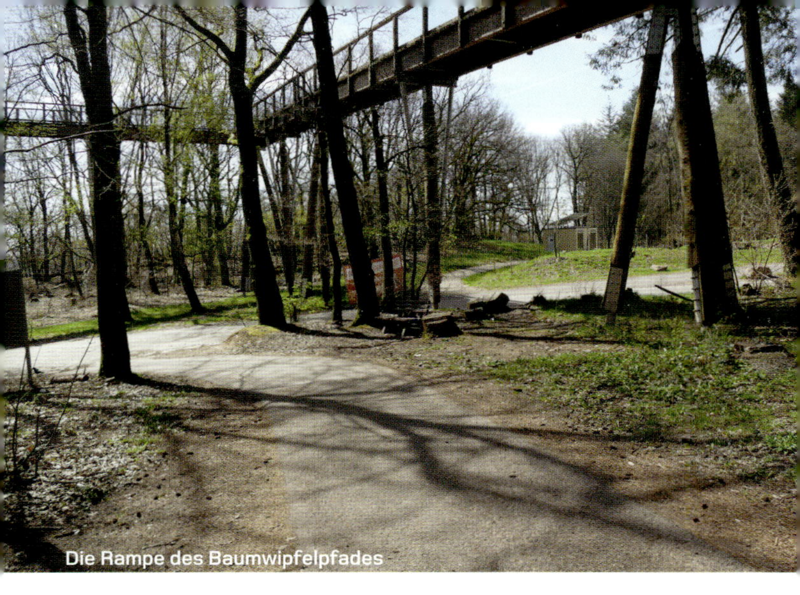

Die Rampe des Baumwipfelpfades

Hier gesellen sich gleich mehrere Wanderwege, darunter auch das Traumschleifchen Überblick (Seite 110) und der Saar-Hunsrück-Steig, zu uns. Gemeinsam biegen wir scharf rechts ab und nähern uns nun sanft abwärts laufend dem ersten Höhepunkt der Runde: dem Aussichtspunkt Cloef **(2)**!

Die Aussicht ist trotz des an schönen Tagen teils gewaltigen Besucheransturms überwältigend, denn tief unter uns windet sich die Saar als glitzerndes Band durch das enge Tal und schlägt eine enge 180°-Kurve.

Hinter der Schutzhütte und den zahlreichen Bänken ragt der himmelhohe Aussichtsturm des Baumwipfelpfades auf. Wir genießen die Aussicht von der steinernen Bastion der Cloef ausgiebig, bevor wir dem breiten Fußweg in den nahen Wald folgen.

Der präsentiert sich zunächst jedoch stark ausgedünnt, denn der Borkenkäfer hat seine Spuren hinterlassen

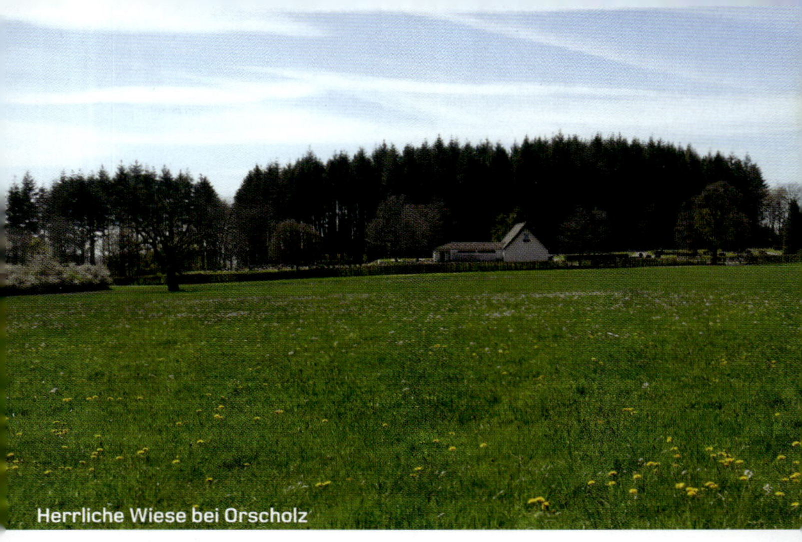
Herrliche Wiese bei Orscholz

und mächtigen Baumeinschlag notwendig gemacht.

An einem Wegweiser verabschieden sich Traumschleifchen Überblick und Saar-Hunsrück-Steig nach rechts, während wir geradeaus weiterwandern.

Nach **0.9 km** gabelt sich der Weg, und wir nutzen den links abzweigenden Waldweg, der uns mit mäßigem Gefälle in den nun wieder geschlossenen Wald führt. Bald erreichen wir einen Holzsteg, der uns über den Bornbach führt.

Nach einer kurzweiligen Waldpassage erreichen wir eine Wegkreuzung: Hier biegt unser Traumschleifchen links auf einen breiten Forstweg ab.

Doch was ist das? Hinter dem umzäunten Gelände auf der rechten Seite beäugen uns exotische Tiere, mit denen wir mitten im Hunsrück nie gerechnet hätten. Es sind Straußenvögel, die hier auf der saftigen, von Wald umgebenen Wiese Futter und Sonne genießen. Wer mag, kann die Eier der Strauße frisch oder ausgeblasen erwerben.

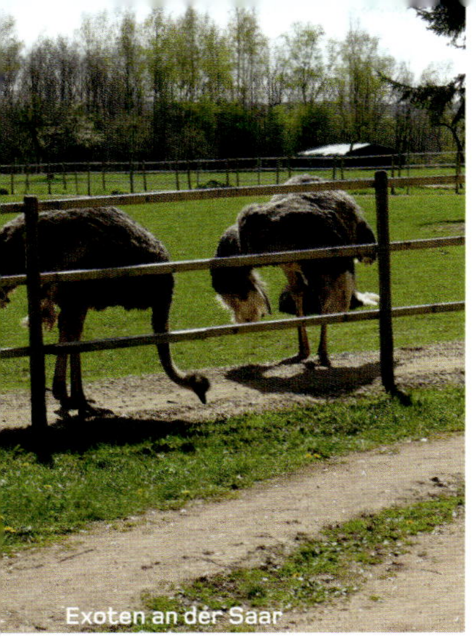
Exoten an der Saar

Wir wundern uns noch etwas über die grazilen Exoten, wandern aber währenddessen an ihrer Weide vorbei sanft abwärts weiter.

Am Ende der Weide tauchen wir wieder in den Wald ein. Nach **1.6 km** erreichen wir die Teufelssteinhütte (3) und eine perfekt an der Hangkante positionierte Sinnesbank.

Noch einmal können wir die Saar in den Blick nehmen und uns mitten im Grünen eine herrlich ruhige Auszeit gönnen.

An der Teufelssteinhütte treffen sich mehrere Wege und ein Wegweiser weist uns auf den Knick nach rechts hin.

Zusammen mit Cloef-Pfad und Tafeltour widmen wir uns also dem gemächlich ansteigenden Waldweg und kommen dabei durch verschiedene Waldzonen. Eben dominieren noch eng stehende Jungbuchen, dann prägen bemooste Krüppeleichen das Wegumfeld.

Nach **2 km** befinden wir uns auch wieder am Rand der Straußenwiesen und laufen nun fast eben nach links. Zurück im Wald stoßen wir an einem Wegweiser auf eine Wegkreuzung, an der wir uns nach rechts bergan werden. Doch schon bald schwenkt der Weg rechts um und führt uns am Rand einer Rodung entlang.

Nach einigen Metern biegt der Cloef-Pfad links ab, wir selbst dürfen noch etwas geradeaus wandern, bevor die Logos auch uns nach links schicken. Wir erklimmen eine Anhöhe und laufen danach am Rand

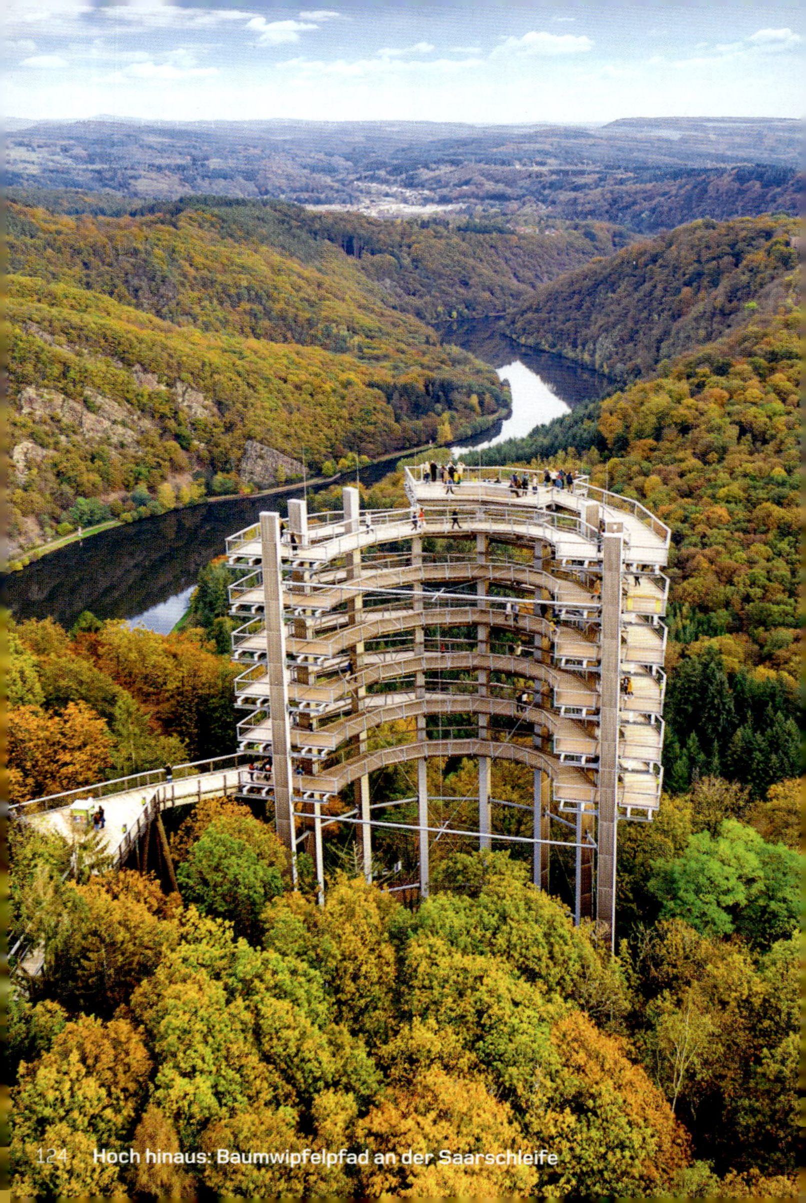

 Hoch hinaus: Baumwipfelpfad an der Saarschleife

einer Waldwiese entlang bis zu einem Querweg.

Wir biegen links ab und erreichen kurz darauf eine Bank und einen Wegstein. Hier treffen wir erneut auf den Saar-Hunsrück-Steig, der uns nun bis zum Ende begleiten wird.

Gemeinsam wenden wir uns nach rechts und verlassen den Wald. Pfadig wandern wir über saftige Wiesen und durch ein Gehölz. Als wir nach **3 km** an einer Bank eintreffen und scharf rechts abbiegen, ragt er schroff vor uns auf: der Orkelsfels **(4)**!

Unser Traumschleifchen führt uns mit Tuchfühlung um den mächtigen Quarzitfelsen herum, dem man über einen Zuweg sogar aufs Dach steigen kann.

Wir aber folgen unseren Logos, die uns am Rand der Bebauung rechts auf einen schmalen Pfad leiten. Der führt uns bald recht idyllisch durch Gärten und Wiesen zu einer ehemaligen Tränke. Wir passieren einige Neubauten und queren einen Zufahrtsweg, bevor wir in dichten Jungwald eintauchen. Im Birkenhain wird der Pfad immer steiniger und erklimmt einen Felsriegel.

Oben angekommen, sehen wir durch die Äste bereits das Ziel vor uns. Nach kurzem Abstieg treffen wir am Rand des gepflegten Atriumgeländes ein und folgen dem Holzbohlensteg zurück zum Ausgangspunkt Atrium **(1)**, wo wir nach **4 km** zum krönenden Abschluss unserer Wanderung die Gelegenheit zur Einkehr gerne wahrnehmen.

FAZIT

Das Traumschleifchen ist mit normaler Kondition und Trittsicherheit begehbar. Festes Schuhwerk ist empfehlenswert.

Schlüsselstellen: Der Weg weist keine besonders herausfordernden Passagen auf.

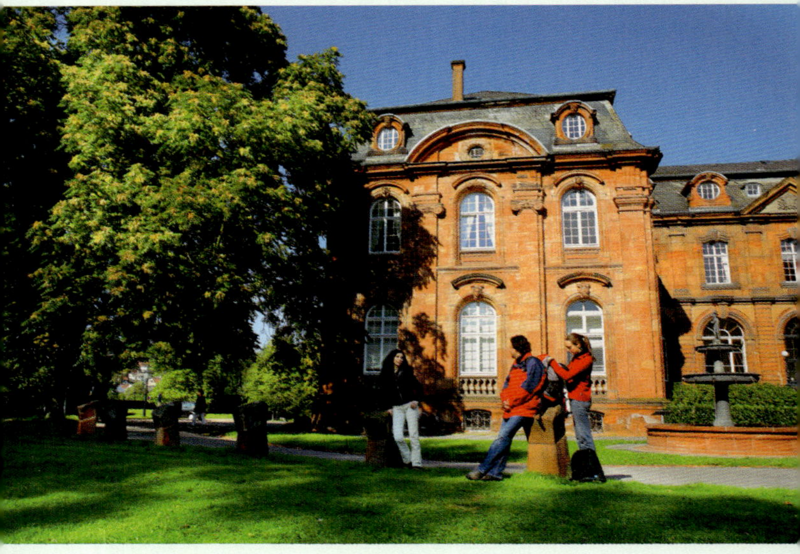

Weißes Gold in der alten Abtei

1809 legte Jean-François Boch mit dem Kauf der alten Abtei Mettlach den Grundstein für das heute hochmoderne Keramikunternehmen an der Saar. In der Erlebniswelt „Keravision" erhält man heute Einblick in die Geschichte des Unternehmens Villeroy & Boch, aber auch in die Techniken der Keramikherstellung. Man unternimmt als Besucher eine Zeitreise vom Barock bis in die Neuzeit. Hier verbindet sich Kulturgeschichte mit der des führenden Keramikproduzenten Europas. Das angeschlossene Keramikmuseum stellt Kostbarkeiten aus Keramik aus, die die Entwicklung dieses Handwerks hervorragend dokumentieren. Zum Abschluss sollte man einen Rundgang durch den Park nicht verpassen, in dem die zur EXPO 2000 angefertigte Skulptur „Erdgeist" von André Heller und das größte im Atelier von Villeroy & Boch je angefertigte Mosaikpuzzle mit dem Thema „Weltkarte des Lebens" zum Betrachten einladen. Nähere Informationen: www.tourist-info.mettlach.de

Tourist-Info Orscholz, Cloef-Atrium, 66693 Mettlach, ✆ 06865/91150, ⓘ www.tourist-info.mettlach.de
▪ Tourist-Info Mettlach, Freiherr-von-Stein-Str. 22, 66693 Mettlach, ✆ 06865/91150, ⓘ www.tourist-info.mettlach.de

Bistro Mirabell, Cloef Atrium, An der Cloef, 66693 Mettlach-Orscholz, ✆ 06865/9115250, ⓘ www.bistro-mirabell.de
▪ Waldgaststätte Blumenfels, Cloefstraße 900, 66693 Mettlach-Orscholz, ✆ 06865/1869420 oder 06865/1864810

Landhotel Saarschleife, Cloefstr. 44, 66693 Mettlach-Orscholz, ✆ 06865/1790, ⓘ www.hotel-saarschleife.de

Reisemobilstellplatz Orscholz, am Cloef-Atrium, 66693 Orscholz, ✆ 06865/911252
▪ Reisemobilstellplatz Mettlach, Am Brauhaus, Bahnhofstr. 32, 66693 Mettlach

Mettlach ist gut per Bahn erreichbar. Von der Schiffsanlegestelle fahren täglich mehrere Buslinien auch nach Orscholz (Linien 159, 207, 209). Weitere Informationen unter: ⓘ www.saarvv.de

Taxi Schwarz, Schmiedewäldchen 10, 66693 Orscholz ✆ 06865/248
▪ Taxi Kiefer/Schuster, Zur Keuchinger Flur 48, 66693 Mettlach, ✆ 06865/93939 oder 06864/432

Hunde können den Weg ohne Probleme laufen. Es gibt aber keinen Zugang zu Wasser.

Premium-Wanderwege in der Nähe:

▪ Traumschleife Cloefpfad, Orscholz, Länge: **8.2 km**
▪ Traumschleife Saarschleife Tafeltour, Mettlach, Länge: **15.2 km**

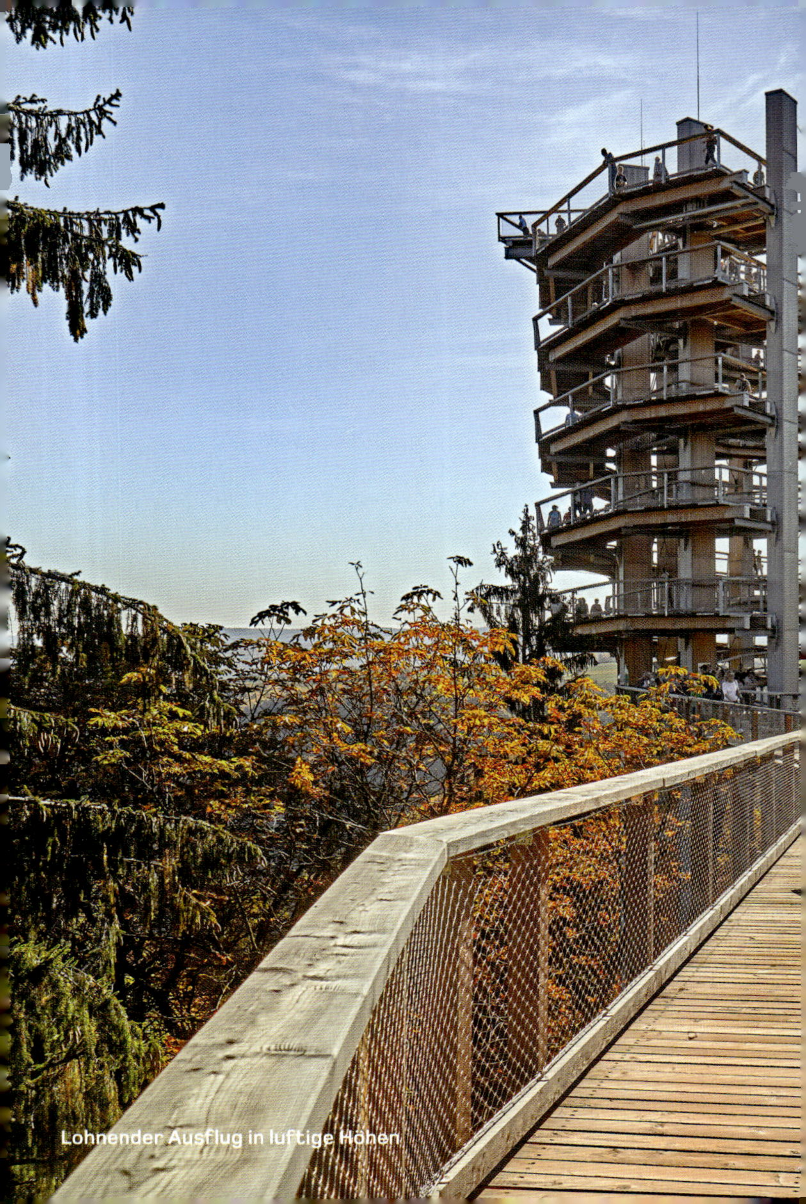
Lohnender Ausflug in luftige Höhen

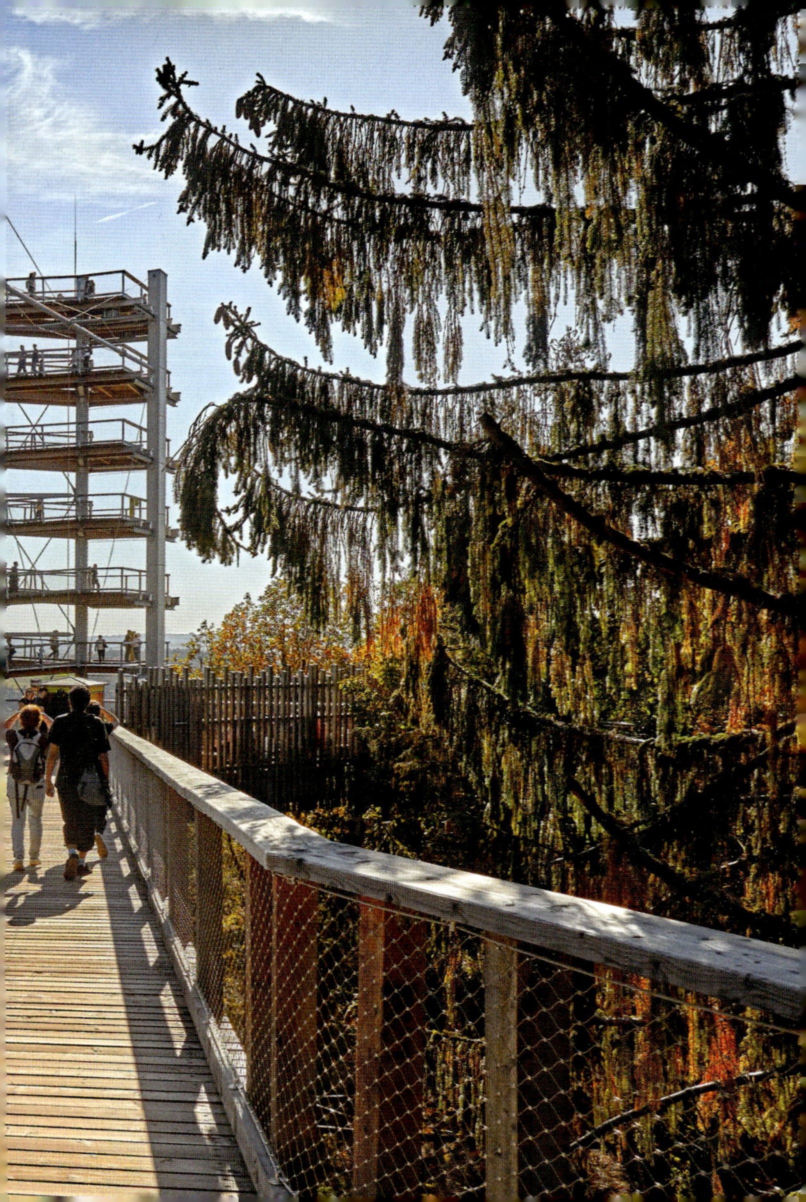

Notizen

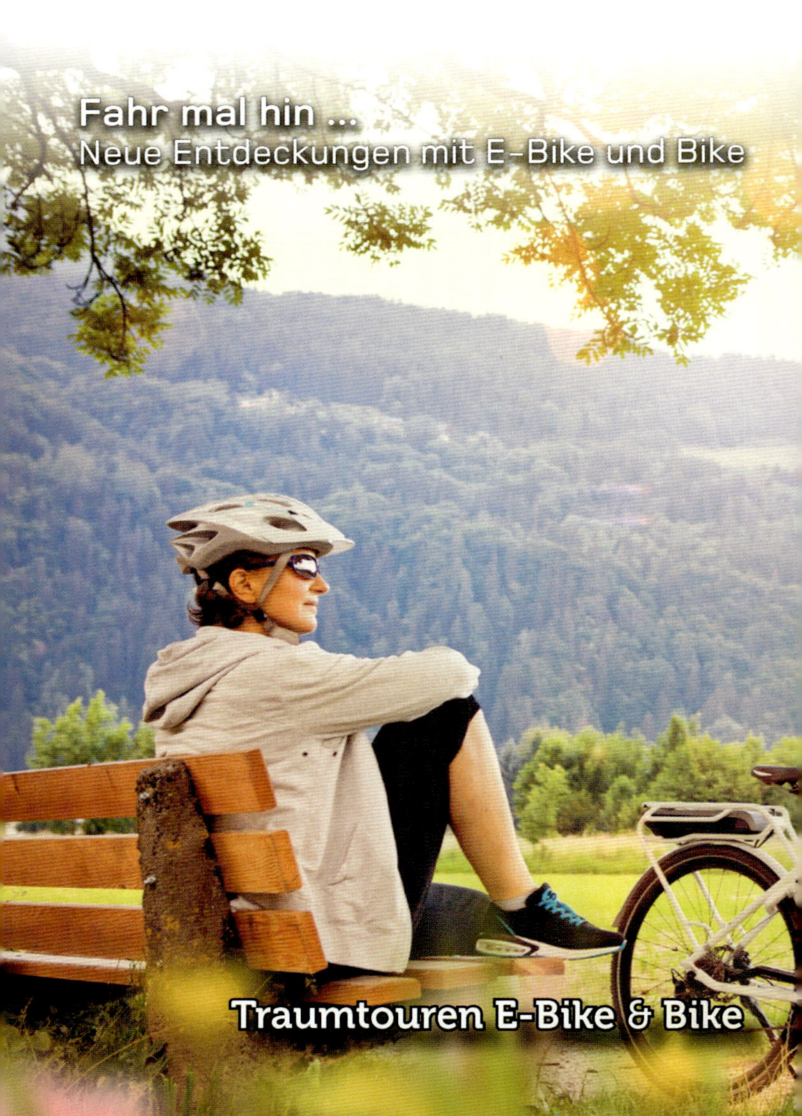
Fahr mal hin ...
Neue Entdeckungen mit E-Bike und Bike
Traumtouren E-Bike & Bike

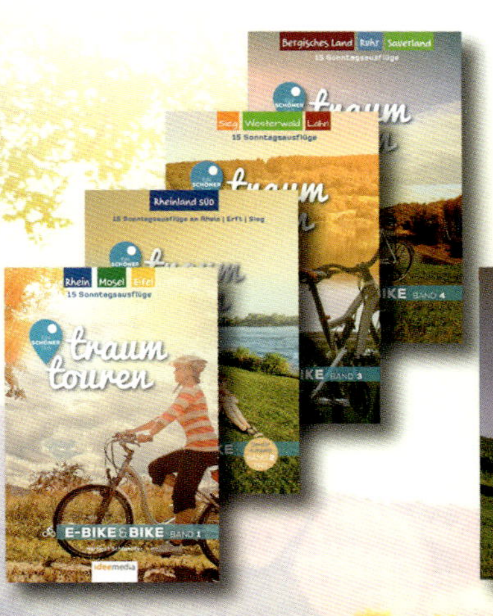

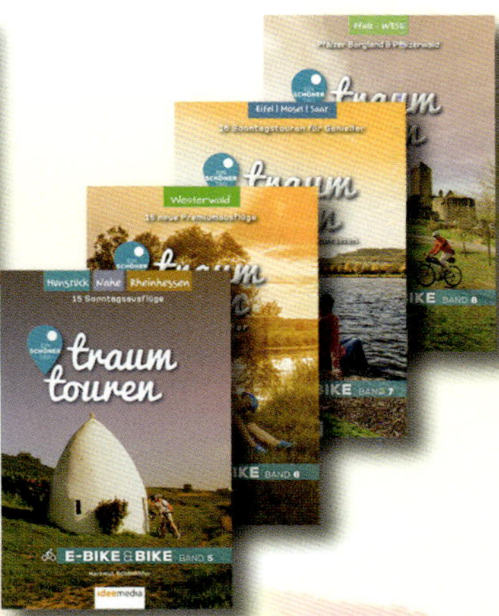

16,80 € ISBN 978-3-942779-37-1 Band 1: RHEIN-MOSEL-EIFEL

16,80 € ISBN 978-3-942779-55-5 Band 2: RHEINLAND SÜD

16,80 € ISBN 978-3-942779-39-5 Band 3: SIEG-WESTERWALD-LAHN

16,80 € ISBN 978-3-942779-40-1 Band 4: BERGISCHES LAND-SAUERLAND-RUHR

16,80 € ISBN 978-3-942779-41-8 Band 5: HUNSRÜCK-NAHE-RHEINHESSEN

16,80 € ISBN 978-3-942779-42-5 Band 6: WESTERWALD

16,80 € ISBN 978-3-942779-61-6 Band 7: EIFEL-MOSEL-SAAR

16,80 € ISBN 978-3-942779-62-3 Band 8: PFALZ WEST

www.ideemediashop.de

Register

Register

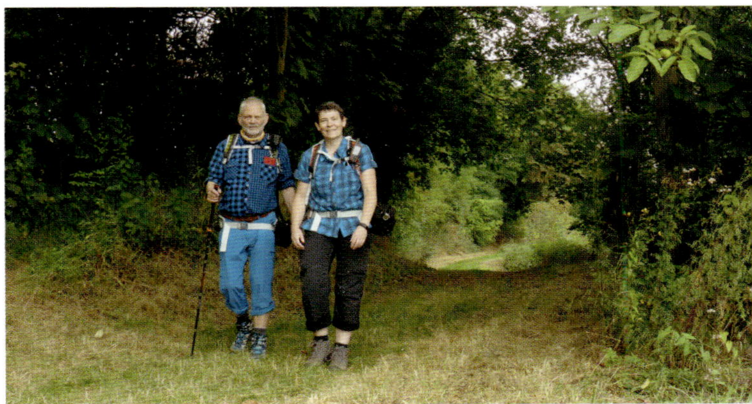

Ulrike Poller studierte in ihrer Heimatstadt Würzburg Mineralogie und promovierte in der Schweiz über das Silvretta Massiv. 1995 kam sie als Wissenschaftlerin ans Max-Planck-Institut für Chemie in Mainz, wo sie zusammen mit Wolfgang Todt Altersbestimmungen durchführte.

Wolfgang Todt, aufgewachsen in Heidelberg, studierte Physik und Geologie. Von 1980 bis 2005 leitete er am Max-Planck-Institut für Chemie in Mainz die Arbeitsgruppe für Geochronologie.

Wolfgang Todt und Ulrike Poller sind verheiratet und haben 2005 ihre Agentur „Schöneres Wandern" gegründet, die sich bemüht, die Qualität von Wanderwegen zu verbessern. Beide sind Mitglied im Deutschen Wanderinstitut. Infos unter:
www.schoeneres-wandern.de

GPS: So funktioniert's

EINFACH HIMMLISCH GEFÜHRT

Besitzer von GPS-Navigationsgeräten (Outdoor-Geräte oder Smartphones) kommen nie vom Weg ab und wissen immer, wo sie gerade sind: In allen Rad- und Wanderführern des ideemedia-Verlags finden Sie die Rad-, Wander- und Erlebnisrouten für Outdoor-Navigationsgeräte. Die Touren liegen im weit verbreiteten *gpx-Format vor.

Mit dem kostenlosen Programm BaseCamp von Garmin ist es möglich, die Tracks anzusehen, zu bearbeiten und direkt auf Garmin-Geräte zu laden. Dieses Programm kann auch ohne die zusätzlich zu kaufende Karte eingesetzt werden, bietet dann aber nur eine globale Karte ohne Details. BaseCamp läuft zudem auch auf Apple Computern. Alle anderen Hersteller von Outdoor-GPS-Geräten bieten ebenfalls kostenlose Programme an. Allerdings müssen Sie meistens auch eine digitale Karte erwerben, um den Track am PC und auf Outdoor-Geräten auf der Karte zu sehen. Für PC-Nutzer ist zudem die Software MagicMaps Tour Explorer empfehlenswert. In OpenStreetMaps oder Google Maps können die Daten mit Hilfe eines GPX Viewer angezeigt werden. Diese Kartenansicht können Sie für unterwegs zum persönlichen Gebrauch ausdrucken.

DIREKT ZUM PREMIUM-TRACK: SO FUNKTIONIERT ES

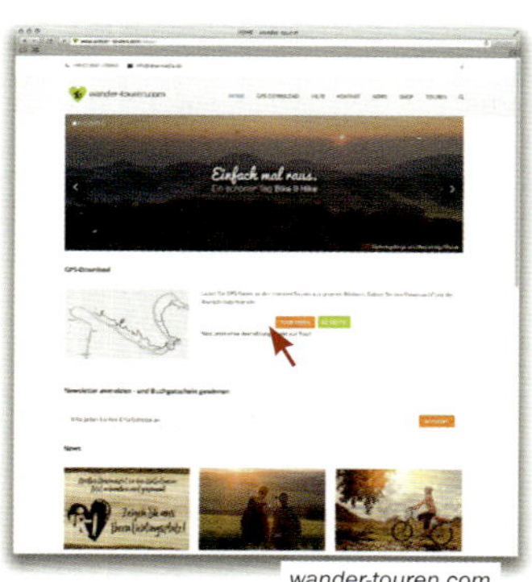

wander-touren.com

Zum Download der Routen benötigen Sie entsprechende Tour-Codes. Diese finden Sie neben der Karte, unter der Schwierigkeitsangabe.Auf der Internetseite www.wander-touren.com geben Sie den Code ein. Eine gesonderte Anmeldung ist nicht erforderlich. Sie bestätigen mit der Downloadanfrage, dass Sie im Besitz des entsprechenden Buches (Print oder elektronisch) sind. Wenn Sie per Mail über Updates zu den Touren informiert werden möchten, melden Sie sich bitte unter www.wander-touren.com zum Newsletter an.

Sollte der eingesetzte Internet-Browser aus Sicherheitsgründen den Datendownload blockieren, lassen sich die Sicherheitseinstellungen vorübergehend verringern. Alternativ klicken Sie mit der rechten Maustauste auf den Button „Tour laden“ bzw. „Datei downloaden“ und öffnen ein neues Fenster (neuer Tab) zum Download.

▶ GPX-DATEN AUF OUTDOOR-NAVIS LADEN

Als Buchbesitzer können Sie die Daten als Datei im weit verbreiteten *gpx-Format als Einzeltour laden und danach auf Ihrem PC ablegen. In einzelnen Fällen können die Daten hinter den Codes auch gebündelt als *.zip-Datei verpackt vorliegen, die Sie vor der weiteren Verwendung entpacken müssen.

Als Nächstes müssen Sie die herunter gelandene Tour auf Ihr Navigationsgerät übertragen. Für die meisten GPS-Outdoor-Geräte ziehen Sie einfach den Track von Ihrem Desktop, nach Verbinden des GPS-Geräts mit dem Computer, in das GPS-Verzeichnis Ihres Outdoor-Geräts, das Sie als Laufwerk auf dem Desktop sehen. Sollte Ihr GPS-Gerät ein besonderes Format verlangen, können Sie den Track mit der Software RouteConverter in fast jedes Format konvertieren. RouteConverter ist ein kostenloses GPS-Werkzeug, um Routen, Tracks und Wegpunkte anzuzeigen, zu bearbeiten und zu konvertieren. Es läuft sowohl auf PC als auch auf Apple Computern. Zur Übertragung der Tour-Daten können Sie auch die Ihrem Kartenprogramm oder Navigationsgerät beigelegte Software nutzen. Bei Problemen mit der Übertragung der Daten auf Ihr Navigationssystem wenden Sie sich bitte an den Hersteller.

ALLGEMEINE HINWEISE

Alle Daten wurden auf Fehlerfreiheit geprüft und werden bei Änderungen der Wegführung nach Verfügbarkeit aktualisiert. ideemedia übernimmt keine Haftung für mögliche Abweichungen, Vollständigkeit, Verfügbarkeit und Einsatz auf allen Navigations-Modellen. Sollte ein Gerät das Laden von *.gpx-Daten nicht ermöglichen, so wenden Sie sich in diesem Fall bitte an den Hersteller. Die Nutzung der Tour-Downloads ist nur Buchbesitzern zur privaten Verwendung gestattet, eine Weitergabe an Dritte sowie das Vervielfältigen auf Datenträgern jeder Art ist untersagt. Kommerzielle Nutzung ist nur nach schriftlicher Vereinbarung mit ideemedia gestattet. Idee, Konzeption und Daten sind urheberrechtlich geschützt.

GPS: So funktioniert's

Die Daten enthalten einen Sicherheitscode und werden bis zu 36 Monate nach Ausgabetermin des Buches zur Verfügung gestellt.. Eine Vervielfältigung zur Verteilung oder Verlinkung ist strikt untersagt und kann bei Missbrauch zu Schadenersatzforderungen führen.

PREMIUM-GPS: WAS IST DAS?

Im Gegensatz zu vielen anderen Anbietern im Print- und Online-Bereich greifen wir nicht auf die Standard-Daten von kostenlosen Internetportalen, privaten oder öffentlichen Anbietern zurück, sondern ermitteln die Daten vor Ort und aktualisieren diese im Regelfall, wenn uns gravierende Änderungen bekannt werden. Die Arbeit ist aufwendig und kostenintensiv – und daher bitten wir um Verständnis, dass wir diese aufbereiteten Daten in vollem Umfang nur unseren Kunden zur Verfügung stellen.

GPS-DATEN VERARBEITEN: NICHT OHNE ÜBUNG

Trotz enormer Fortschritte in der Gerätebedienung ist es für Laien nicht völlig unkompliziert, die Daten richtig nutzen zu können. Da es sich bei den *.gpx-Daten um ein kostenfreies Zusatzangebot zu unseren Printprodukten handelt, können wir keine Unterstützung für GPS-Geräte, GPS-Software oder Kartengrundlagen leisten. Bitte wenden Sie sich dazu an Ihren Hersteller oder Lieferanten und arbeiten Sie sich gründlich in die Möglichkeiten der GPS-Nutzung ein. Verlassen Sie sich auch bei Ihren Touren nicht ausschließlich auf Ihr GPS-Gerät, Empfangsprobleme, Batterie- oder Softwareprobleme sind nicht unbekannt. Zudem könnten Sie ihr Gerät unterwegs verlieren. Wir empfehlen deshalb aus Erfahrung die zusätzliche Mitnahme von Buch und Karten.

GPS FÜR SMARTPHONES

*.gpx-Daten auf ein Smartphone zu laden funktioniert mit mehreren Apps sowohl für iPhones als auch für Android-Geräte. Unser Tipp: Testen Sie verschiedene Apps und prüfen Sie, mit welcher Software Ihr Gerät fehlerfrei arbeitet. Probleme kann es geben, wenn unterwegs Daten geladen werden müssen. Von Netzproblemen abgesehen, kann das zu hohen Kosten führen.

Eine ausführliche Erklärung zur Verwendung von unseren *.gpx-Daten auf einem Smartphone finden Sie unter: **www.wander-touren.com**. In der folgenden Kurzanleitung wird der Download und die Verabeitung unserer *.gpx-Daten auf einem iPhone 13 (IOS 16.3.1) unter der Verwendung der kostenlosen App „Komoot“ dargestellt. Andere Geräte, Betriebssysteme oder Apps können davon abweichen, das Prinzip bleibt dabei jedoch ähnlich.

Tourcode auf „www.wander-touren.com“ eingeben und den *.gpx-Track downloaden (**Schritte 1-4**). (Der Code befindet sich auf der Startseite des jeweiligen Kapitels unter der Angabe zur Schwierigkeit.)

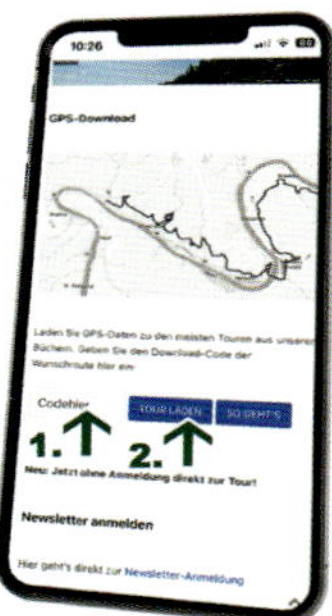

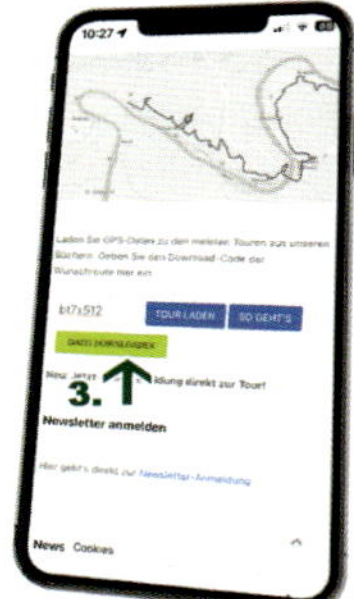

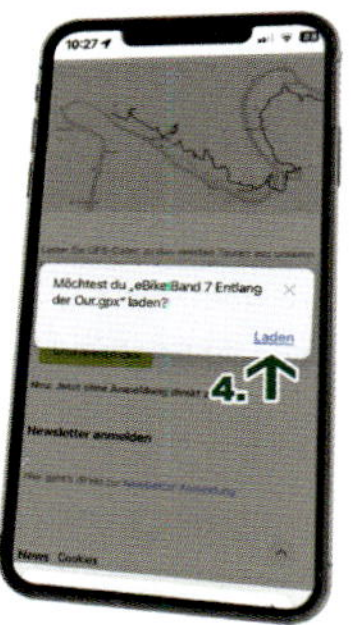

Die Datei befindet sich in der Regel im Downloadordner. Durch Tippen auf den Pfeil in der Browser Leiste, dort hin navigieren (**Schritt 5-6**). Alternativ über das lokale Datenverwaltungssystem (bei IPhones die Apple eigenen App Dateien) die Downloads öffnen und die Datei suchen.

Anschließend durch langes Drücken auf das Icon/ die Datei, das Menü öffnen und die Option „Teilen“ auswählen (**Schritt 7-8**). Neben den Möglichkeiten „via Mail“ oder „Nachricht“ findet man weiter rechts (über die Symbole wischen) auf dem Gerät installierte Apps die zum Öffnen kompatibel sind. Durch Tippen auf das Symbol öffnet sich die App und beginnt mit dem Import des Tracks (**Schritt 9**).

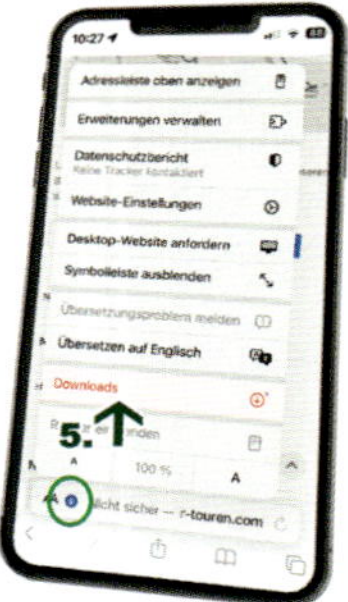

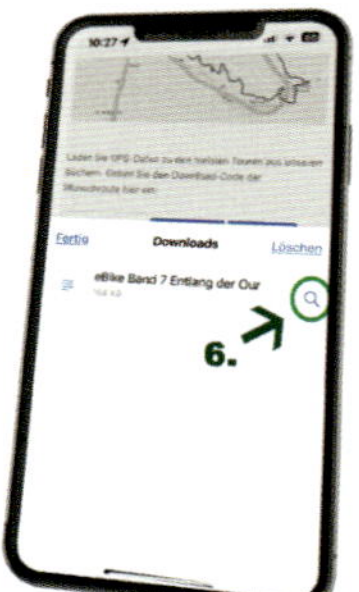

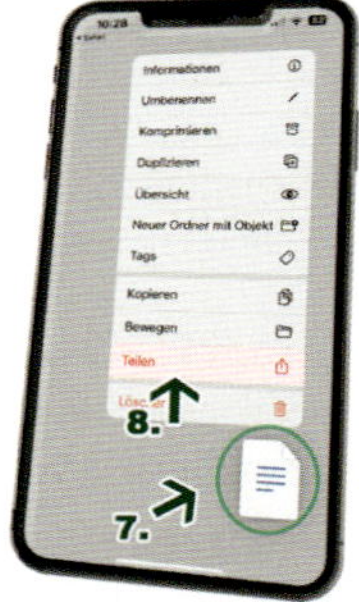

Da unsere Daten viele zusätzliche Punkte und Abstecher haben, muss die korrekte Darstellung ausgewählt werden **(Schritt 10)**. „Komoot“ gibt anschließend die Option, den Track an bekannte Wege anzupassen. Da unsere Daten vom Autor erfasst und laufend aktualisiert werden, empfehlen wir den Originalverlauf beizubehalten **(Schritt 11)**. Die Route kann nun als zukünftige Tour gespeichert und anschließend auf der Karte angezeigt werden.

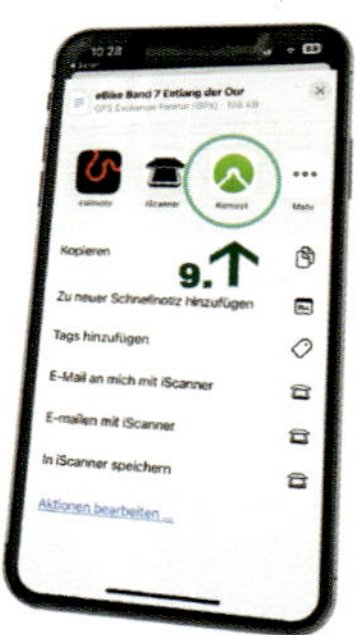

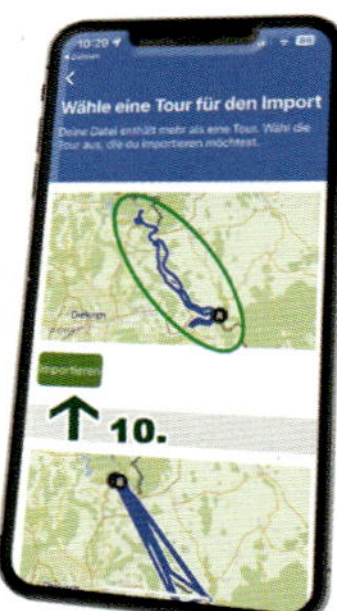

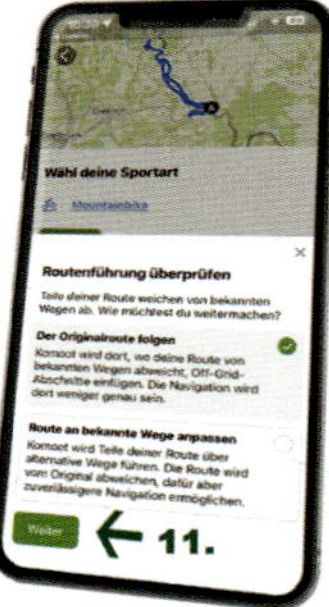

Prüfen Sie vor Antritt der Tour, ob die Daten korrekt angezeigt werden und Sie die Routenführung starten können. Vergleichen sie die Darstellung zur Sicherheit mit der Karte im Buch, um Fehler beim Verarbeiten oder in der App auszuschließen.

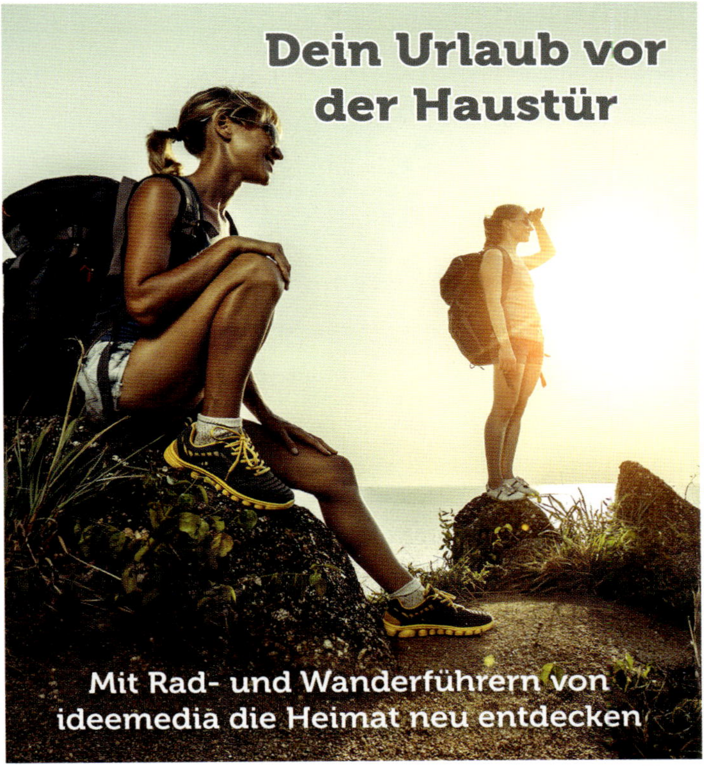

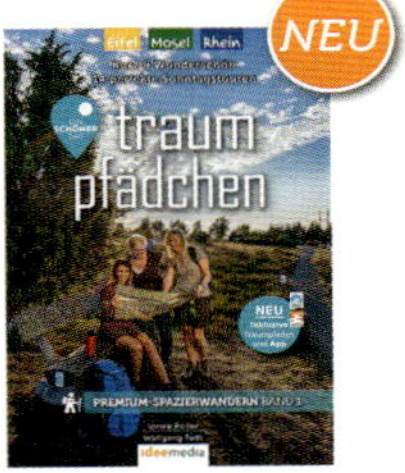

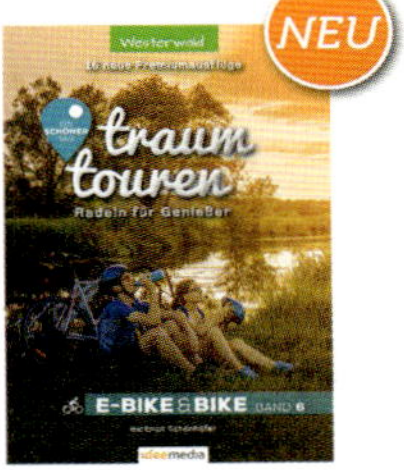

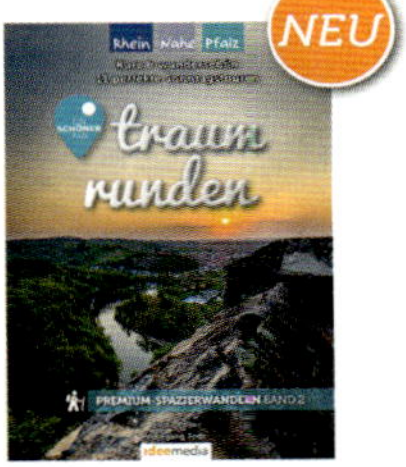

Impressum

Herausgeber: Uwe Schöllkopf (ideemedia GmbH)
Autoren: Ulrike Poller & Wolfgang Todt
Konzept & Redaktion: Uwe Schöllkopf
Redaktionelle Mitarbeit: Anna Ley,
Grafik/DTP/Produktion: Dominik Lamberti
Karten & Höhenprofile: Dominik Lamberti | ideemedia GmbH

Verlag: ideemedia GmbH, Im Aubisch 1b, D-56567 Neuwied
Telefon: 02631/9996-0 • Telefax: 02631/9996-55 • E-Mail: office@idee-media.de

Internet: www.ideemediashop.de • www.wander-touren.com

Alle Angaben wurden nach bestem Wissen recherchiert und sorgfältig überprüft. Sollten sich dennoch Fehler eingeschlichen haben, bitten wir um Entschuldigung und Benachrichtigung. Für Fehler übernimmt der Verlag keine Haftung. Aktuelle Änderungen, Downloads und Updates zum Buch finden Sie unter www.wander-touren.com
Mit den QR-Codes aus dem Buch lässt sich über die Kamerafunktion vieler Smartphones der Ausgangspunkt direkt auf GoogleMaps anzeigen.

Die Deutsche Bibliothek – CIP – Einheitsaufnahme: ISBN 978-3-942779-66-1

Fotos: Ulrike Poller, Wolfgang Todt, Christian Engel, Tourist-Info Losheim am See, Tourist-Info Wadern, Erlebnis Akademie AG, Tourist-Info mettlach, Projektbüro Saar-Hunsrück-Steig

Wir danken allen beteiligten Tourist-Informationen für die Unterstützung und Zusammenarbeit.